文化吉林

扶餘卷

弘揚長白山文化
打響吉林特色地域文化品牌

王儒林

　　吉林有文化，而且吉林文化有底蘊、有潛力、有特色、有希望。從前郭縣王府屯距今約一百萬年的石製工具到距今十六萬年的樺甸仙人洞和距今三萬年的榆樹人，從燕趙文化東進到漢武帝設四郡，從扶餘、高句麗、渤海文明的興衰更替到遼金、清朝問鼎中原，從抗日烽火、解放硝煙到新中國老工業基地的紅色記憶，從二人轉、吉劇、長影到吉林期刊、吉林歌舞和吉林電視劇現象，勤勞智慧、淳樸善良、勇於開拓的吉林人民在白山松水間創造出絢麗多彩的地域文化，成為中國文化版圖上一道獨特風景。

　　文化與山素來結緣，正如泰山之於魯，嵩山之於豫，黃山之於皖，長白山是吉林的象徵、吉林的品牌。吉林文化始終與長白山難捨難分、血脈相連，集中體現於長白山文化之中。長白山文化發源和根植於吉林沃土，是包容吉林各民族文化、蘊含吉林發展歷史、反映吉林人性格特質、凸顯吉林氣派的「大文化」；是中華民族「多元一體」文化的重要組成部分，源遠流長、博大精深，構成了吉林文化的骨骼和脊梁。在地域文化越來越受到人們關注、文化軟實力越來越成為衡量一個地區核心競爭力的重要指標的當今時代，大力弘揚作為吉林文化標誌性符號的長白山文化，把這份寶貴的文化資源保護好、挖掘好、利用好、開發好，對於打響吉林特色地域文化品牌，鑄造極具時代內涵的吉林精神，提升吉林文化軟實力，凝聚吉林改革發展正能量，無疑具有十分重要的現實意義。

近年來，我省大力推進以優秀吉林地域文化為主要內容的長白山文化建設，出臺了《長白山文化建設規劃綱要》，啟動實施了長白山文化建設工程，在長白山文化資源保護研究、挖掘整理、開發利用等方面做了大量工作，取得了顯著成績。我們要進一步加強長白山文化理論研究，豐富長白山文化內核和外延，進一步加強長白山文化遺產的發掘、保護和展示推介力度，擴大長白山文化的影響力，進一步加強對長白山文化內涵的拓展和提升，把長白山文化資源更好地轉化為文化產品、文化事業和文化產業，推動長白山文化建設躍上新臺階，推動吉林文化大發展大繁榮，為實現富民強省目標、中華民族偉大復興、中國夢做出貢獻。深入挖掘、研究、整理長白山歷史文化，既是一項宏大浩繁的系統工程，又是一項功在當代、利在千秋的基礎工程。希望有更多有識、有志之士投身長白山文化建設事業，讓這份寶貴的文化資源更好地服務於當代，惠澤於未來。

由省委宣傳部組織編撰的《長白山文化書庫》系列叢書，是長白山文化建設工程的重要標誌性成果。叢書從基礎研究、地方特色、主要藝術門類三部分，對長白山文化的歷史資源進行了全面細緻的挖掘和整理，堪稱長白山文化研究與普及的鴻篇巨製，不僅對研究和宣傳長白山文化大有裨益，而且對培育吉林文化品牌、樹立吉林文化形象也將產生積極的促進作用。在叢書即將付梓之際，謹表祝賀並向全體工作人員致以問候。

主編寄語

莊嚴

　　長白奇迤蘊靈秀，松江悠長毓文傑。千百年來，雄渾壯美的白山松水賦予
了肥沃豐饒的吉林大地以生機和活力，滋養了吉林人民勤勞睿智、堅韌進取、
寬容開放的精神品格，積澱了多元融合、底蘊深厚、色彩斑斕的地域文化。這
獨具魅力的吉林特色地域文化猶如一株馥鬱芳香的花朵，在中華民族文化百花
園中爭妍綻放。

　　文化是經濟發展之根，是社會發展之源。省委、省政府高度重視文化建
設，制定出臺了《長白山文化建設規劃綱要》，把吉林省歷史文化資源工程列
入宣傳思想文化工作「六大工程」之一。省委宣傳部深入貫徹落實省委、省政
府的要求，開展《長白山文化書庫》建設，啟動實施了《文化吉林》叢書編撰
工作，將其作為全省宣傳思想文化工作的重要舉措，周密部署，精心組織，強
力推進，取得了預期成果，為全省人民奉獻了一份珍貴的精神食糧。

　　《文化吉林》叢書是《長白山文化書庫》中全景展現特色地域文化的重要
組成部分。年初以來，我省廣大宣傳文化工作者以對家鄉、對歷史、對文化事
業的高度責任感和使命感，不畏繁難，勤勉執著，嚴謹認真，精益求精，在資
料收集、遺產挖掘、書稿撰寫等方面付出了大量艱辛的努力，進行了許多開創
性的探索和實踐，圓滿完成了這次編撰任務。叢書編撰秉承傳播和弘揚吉林文
化的理念，梳理總結吉林文化資源，提煉昇華吉林文化精髓，激發增強吉林人
的文化自覺、文化自信，使優秀文化更好地服務於吉林的發展振興。

《文化吉林》內涵豐富，圖文並茂，辭美情摯，引人入勝，是人們認識吉林、瞭解吉林、研究吉林的概覽長卷，是吉林文化走向全國，面向國際的真誠心聲。叢書真實勾勒了吉林文化歲月滄桑的歷史縱深，生動展現了吉林文化多姿多彩的時代律動，帶我們走進吉林地域文化演進的舞臺，親身感受風雲激盪的文化事件，出類拔萃的文化人物，領略淵深源遠的文化景觀，妙趣橫生的文化傳說，體驗琳瑯紛呈的文化產品，淳樸濃郁的文化民俗。叢書將吉林文化的發展脈絡、現狀和未來，客觀詳盡地展現給廣大讀者，是一部能夠讀得進去、傳播開來、傳承下去的佳作精品。

　　鑒往以勵志，展卷當奮發。《文化吉林》這套融史料性、知識性、可讀性於一體的叢書，為我們進一步保護、研究、開發吉林地域特色文化提供了重要史料資源。作為後繼者，當代吉林人有責任、有義務肩負起將吉林文化充分融入社會主義核心價值觀，推動吉林文化發展進步的歷史使命，讓優秀傳統文化在繼承中創新，在創新中前行，在全國文化發展大格局中唱響吉林「聲音」，打造吉林文化品牌，樹立文化吉林形象。

目
錄

第三章・文化名人

第四章・文化景址

第
一
章

文化發展概述

扶餘，悠遠的歷史積澱了厚重的文化底蘊。扶餘文化，是一串寫滿了扶餘地方
各民族人民創造、傳承和發展文化音符的樂章；扶餘文化，是以遼金文化為代
表的內涵豐富、多彩多姿的地域文化；扶餘文化，是一部集這方沃土上的物質
文化與精神文化於一體的千古傳誦的樂章。

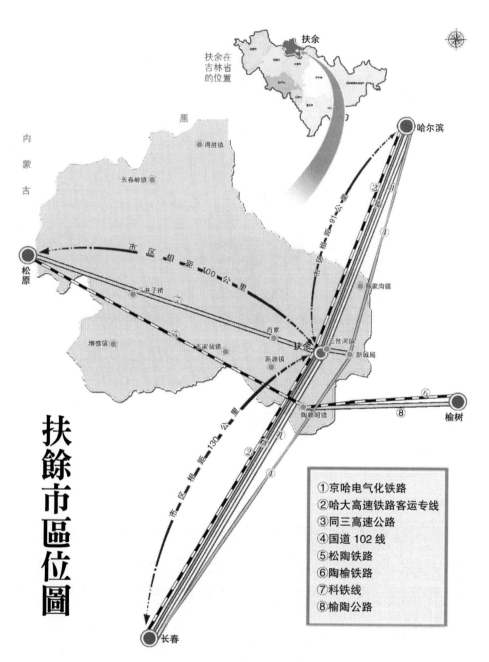

扶
餘
市
區
位
圖

扶餘在
吉林省
的位置

扶余

黑

內
蒙
古

得胜镇

长春岭镇

松原

哈尔滨

市区相距91公里

市区相距100公里

蔡家沟镇

三井子镇

肖家

三岔河镇

扶余

新城局

增盛镇

五家站镇

新源镇

陶赖昭镇

榆树

市区相距130公里

长春

①京哈电气化铁路
②哈大高速铁路客运专线
③同三高速公路
④国道102线
⑤松陶铁路
⑥陶榆铁路
⑦科铁线
⑧榆陶公路

▲ 扶餘市區位圖

得天獨厚的區位優勢

　　扶餘地處長春、哈爾濱兩大省會城市之間，自古以來就為水陸交通要沖。它位於吉林省西北部、松原市東部，南距長春一三〇公里，北望哈爾濱九十一公里，西至松原一百公里。南隔第二松花江依次與德惠市、農安縣、前郭縣為鄰，北以松花江為界與黑龍江省肇源縣相對，東北隔拉林河同黑龍江省雙城市相望，東南以會塘溝為界與吉林省榆樹市毗鄰，幅員四六五八平方公里，轄十七個鄉鎮、一個國營農場、二個灌區、一個高效農業示範區、二個省級工業集中區、二個市級工業園區，人口七八萬。京哈鐵路、同三高速公路、哈大高速鐵路客運專線、國道一〇二線、省道三〇二線公路貫通全境，從主城區（三岔河）通過；東西相連的陶賴昭至榆樹鐵路、松原至陶賴昭鐵路在市區南部重鎮陶賴昭與京哈線接軌。因地處吉黑兩省七縣（市）交界，扶餘素有「吉林省北大門」之稱。

▲ 穿境而過的同三高速公路

源遠流長的歷史沿革

漢朝以前，這裡是古濊貊——扶餘人所建部落國家扶餘國的屬地；南北朝時期，勿吉人滅扶餘國為勿吉伯咄部居地；遼代曾在這裡設寧江州；金朝中期至明初，為豁羅剌斯（即古郭爾羅斯）納仁汗部蒙古人駐牧地。金時分屬會寧府會寧縣和隆州府利涉縣；元屬遼陽行中書省開元路；明朝曾在此地設置撒叉河衛，明朝後期，科爾沁蒙古人占據這裡；後金立國後，在此立官軍隊站，稱伯都訥站。

清康熙三十一年（1692 年）設治伯都訥，移吉林副都統於此，稱伯都訥副都統，駐伯都訥舊城（伯都訥兵站址），次年建伯都訥新城（今松原市寧江區江北市區中心地帶），徙副都統衙門於此。嘉慶十五年（1810 年）置伯都訥廳，轄區為今寧江區（江北部分）、扶餘市、榆樹市。

光緒三十二年（1906 年），撤伯都訥廳，設新城府，與榆樹分治，轄區為今松原市寧江區（江北部分）和扶餘市。宣統元年（1909 年）裁副都統。

一九一三年撤府立縣，改稱新城縣，次年改稱扶餘縣，直至一九八七年十一月撤縣變扶餘市（縣級）。一九九二年成立松原市，扶餘市改為松原市扶餘區，一九九五年底扶餘恢復縣制，縣委、縣政府移駐三岔河鎮。二〇一三年國務院批准撤銷扶餘縣，設立扶餘市（縣級），由吉林省直轄，松原市代管。

遞嬗有序的地域文化

扶餘地處北溫帶，居於東北玉米黃金帶中部。這裡氣候適宜，土地肥沃，盛產玉米、大豆、穀子、高粱；這裡水源充足，三條江河繞境流淌，境內沿江階地平原上湖沼棋布，自古便被人們譽為「魚米之鄉」。在這片沃土之下，有豐富的石油和天然氣，這裡曾是吉林省最大也是最早的石油基地。區位的優勢、豐富的自然資源，為扶餘文化的形成和發展創造了得天獨厚的優越條件。生活在扶餘地方的各族人民在開發、利用這些資源的生產、生活活動中，產生並發展著這裡的地域文化。

先秦時期，這裡是濊貊人世居的漁獵之地。他們在這裡從事著原始的漁獵生活和簡單的農耕生產，創造了地方早期的原始漁獵文化和處於萌芽狀態的農耕文化。屬於濊貊族系的扶餘人立國後，扶餘地方作為肇基發祥之地和重要屬地，農業和早期畜牧業得以發展。扶餘人已經開始使用鐵製農具，是扶餘地方最早的土地開發者。在發展農業的同時，扶餘與中原的漢、晉、北魏等漢族政權在政治上保持著臣屬關係，經濟、文化和貿易往來頻繁。文化方面接受漢族文化影響，逐漸形成了早期的地域文化雛形──扶餘文化，扶餘地方的地域文化開始萌芽。

遼滅渤海統一東北後，黑水靺鞨的後裔女真崛起，對遼王朝構成潛在的威脅，遼在這裡曾建立軍政重鎮和商貿邊城寧江州（今伯都古城址）。為反對遼的殘酷統治，生女真（指沒有編入遼國戶籍的女真族人）完顏部曾在拉林河畔誓師起兵，下寧江州，戰出河店，攻長春州，繼而橫掃大片遼國領土，終於建立大金王朝。金章宗朝，蒙古豁羅剌斯（即古郭爾羅斯）納仁汗部遷駐此地，直到明朝初年，這裡一直是古郭爾羅斯部的駐牧之地。此一時期，蒙古族文化逐漸融入本地文化當中。

各族的政權遞嬗、經濟發展，使這裡的渤海──遼金文化在融合各民族文化，特別是漢族文化的進程中，一步步進入了繁榮、發達期。在這個歷史時期

中，扶餘文化在充分吸納漢文化的基礎上迅速發展。渤海文化、契丹文化、女真文化在這裡都曾領一代風騷，極一時之盛。特別是金代文化的發展，較之遼代更有新的進步，文字（女真大字和女真小字）、文學、藝術、建築、教育等，都取得了很高的成就。金朝立國之初，統治階級並未崇儒，但隨著與中原漢族的交往（包括戰爭），儒家思想很快傳入當地。女真族在自己的文化進程中，最初信仰薩滿教，又轉而崇尚佛教，但最終又以儒家思想為旨歸，並滲透到社會生活的各個層面，使得先進的漢族儒家文化深深地注入世居此地的女真－滿族及其他各族文化的底蘊之中。此時期，遼金文化作為扶餘文化發展長河中的一個有代表性的重要階段，達到全方位空前發展的水平，並對其後產生長期影響，應該說，女真文化與漢文化的融合是一個重要的原因。

▼ 滿族折子戲《大金秋歌》

建州女真在明末再度崛起，他們在與漢族、蒙古族不斷擴大的交流中，形成了自己的語言文化，滿族文字老滿文、新滿文的創製，成為帶有鮮明民族特點的文化特徵。清朝的統治重心南移後，扶餘地域文化同中原漢族文化融合的進程不但沒有停滯下來，而且呈現不可遏止的發展趨勢。其主要原因有兩個：一是清王朝把伯都訥地方同塞外一些地方如寧古塔等地一樣，作為發遣罪犯的流放之地。這些「流人」中包括士農工商各種成分，其中有不少飽讀經史的文士，他們當中有很多人通過交遊和著書立說傳播著儒家思想。他們是一支不可忽視的傳播儒家思想文化的重要力量。如康熙四十二年（1703 年），因牽涉前明三皇子案而被流配到伯都訥新城（即後來的新城府府城、老扶餘縣縣城）的原饒陽縣令、山東蓬萊人李方遠，在流放期間，就曾撰寫紀傳體回憶文章《張

先生傳》，記述其與埋名民間化名「張先生」的前明三皇子定王朱慈煥交往始末，以及二人蒙冤經過。該文一直在東北民間流傳，二百年後被民間文人魏聲龢發現，收錄文集中，方得以文字傳世（見《雞林舊聞錄》）。另一個原因，就是從清初就已經開始的闖關東現象，特別是乾隆朝以後，一批又一批晉冀魯豫的漢民逃荒到關東謀生，扶餘地方（時稱伯都訥）是這些闖關東的漢族人首選的落腳地區之一。他們在帶來了中原生產技術的同時，也帶來了更多的漢族風俗文化，並很快同當地土著民族文化融合起來，推動了扶餘地方經濟、文化的快速發展，並一直處於松嫩平原經濟文化發展的領先地位。

一八四〇年鴉片戰爭以後，中國的封建社會開始淪為半殖民地半封建社會。這一時期，西方文化的傳入，為扶餘地域文化打上了時代烙印，在一定程度上改變了扶餘文化內容的性質。從這一時期起，隨著「闖關東」的大潮繼續湧動，扶餘地方的文化，出現了更全面、更徹底的南北文化大融合局面，包括語言、文字、民俗、文學、藝術等各個方面，當然也有西方文化或多或少地融入其中。近現代的扶餘文化在此時期開始形成並跨越式地發展，

▲ 八角鼓

一個重要表現，就是滿族說唱藝術「八角鼓」的流行，而且在清末以後，逐漸演變為成熟的流派──「扶餘八角鼓」。

二十世紀初，隨著列強對東北侵略的加深以及清末新政的推行，扶餘地方出現了一些近代文化事業。一九〇五年，清廷廢止了科舉制度，次年，伯都訥廳改為新城府後，在府城建起了第一座新式學堂「新城府官立高等小學堂」（即今寧江區實驗小學），後來又建起了「新城府公立滿蒙文兩級小學堂」（俗稱滿蒙校，校址在今寧江區一中）等一批新式學堂。到辛亥革命前夕，新城府境內共

建立起新式小學堂二十一所。一九一○年，新城府建立中學堂，此係今松原市轄境內第一所中等學校。清末廢科舉、興學堂，從歷史的眼光看，無疑是一個進步，但是，從本質上看，清末的學堂教育仍然沒有完全擺脫封建的枷鎖。所謂新教育，除了引進資本主義國家的部分教育內容和形式外，讀經講經仍然是必修科目。而且，由於政治的腐敗，這種新教育的推行速度也是相當遲緩的。圖書館和報刊事業也是近現代扶餘地方文化內容的一個重要方面，但由於所在偏遠，城居人口偏少，所以要比教育的進步慢得多。一九二三年，扶餘縣成立通俗教育館，同時呈請縣政府批准，編印發行《扶餘日刊》；一九二七年，扶餘縣設立圖書館。日刊和圖書館的創辦，對於改變地方文化落後局面，起到了一定的拉動作用。

東北淪陷後，扶餘地域文化的發展同整個東北地區一樣，在東北淪陷這個大背景下，地方民族文化的發展便同整個中華民族文化發展進程一樣，煥發出炫目的爭取民族獨立、民族解放的色彩。一批批愛國志士以民族精神和傳統思想文化為武器，高舉愛國主義的旗幟，在民眾中傳播民族解放思想，反對日本帝國主義的侵略、奴役和殘酷統治。在扶餘地方，先後出現了破家舉義、組建抗日義勇軍的柳青庭、王致超，扶餘早期中共地下組織的組建者、堅強的抗聯戰士張瑞麟，祕密從事地下活動、發動進步青年參加抗日活動的劉建民，還出現了以師田手、姚奔等為代表的一批進步青年作家、愛國詩人。

一九四五年十一月，扶餘縣解放。一九四六年初，中共扶餘縣委和扶餘縣人民政府相繼建立起來。中國共產黨領導人民在清匪反霸、開展土改運動和發展生產、支援前線的同時，大力發展人民的文化事業。首先就是著手接收和開展改造舊教育工作。經過上下共同努力，境內的教育事業很快得到恢復和發展。與此同時，為滿足廣大農民文化需求，培養和造就新幹部，各地還大力開展了掃盲識字運動。通過各種文化、政治教育，不但基本上掃除了文盲，而且在廣大青少年學生和人民群眾中，很快根絕了殖民教育的餘毒，也清除了一些人的所謂「正統」觀念。土改運動的深入和經濟建設的起步，也推動了境內文

▲ 城鄉經常開展書畫展覽活動

化事業的發展，扶餘縣城和三岔河鎮相繼建立起了統一的國營書店、縣（鎮）文化館，改組或新建了電影院、劇場等一批公共文化活動場所。各地還積極組織各種文化團體，宣傳黨的方針政策，豐富人們的文化生活。此時期地方文化教育事業的發展，為社會主義文化的發展奠定了重要的基礎。

新中國成立後，當代扶餘文化在繼承地方古代和近現代文化的基礎上，對民族傳統文化進一步挖掘和傳承。具有代表性的就是對滿族傳統說唱藝術「扶餘八角鼓」的研究挖掘和「新城戲」劇種的創建和發展上。扶餘縣於二十世紀五〇年代後期，開始挖掘地方滿族文化遺產。宣傳、文化部門根據伯都訥新城（即後來的扶餘縣城，今松原市寧江區城區江北部分）文化發達較早、滿族人口較多、滿族傳統說唱藝術八角鼓在這裡頗為流行等情況，一九五九年，組織一批八角鼓老藝人和音樂工作者對八角鼓進行了戲曲化的創作和改編工作，開始籌備創建新劇種。是年秋，新劇種試驗工作開始。一九六〇年十月，成立扶餘縣新劇種實驗劇團。次年，新劇種因這裡曾為伯都訥新城和新城府府城而正式命名為「新城

戲」。

　　二十世紀八〇年代初，劇團和縣文化主管部門決定在劇種發展方向上進一步突出滿族特點，並開始著手編演滿族題材的新劇目《紅羅女》，在音樂、表演和服裝、化妝等方面進一步向滿族歌舞靠攏。一九八四年，該劇參加了全國少數民族戲曲劇種錄像觀摩演出。同年，新城戲被文化部和省文化廳認定為滿族戲曲，定名為滿族新城戲。三十年來，滿族新城戲通過多部劇目編演的實踐，在表演程式上有了較大的豐富和發展，進一步突出了滿族新城戲的民族特點，初步形成了滿族戲曲的表演程式。滿族新城戲《鐵血女真》曾榮獲文化部文華大獎、中宣部「五個一工程」獎，主要演員獲第十屆中國戲劇梅花獎。

第二章 ——

文化事件

扶餘地域文化源遠流長，早在一萬多年前就已經有了人類活動。周秦時期，這裡是古濊貊人從事原始漁獵活動的世居之地；漢初至北魏，扶餘人在這裡創造了燦爛的古代扶餘文化；其後，渤海文化、遼金文化各領一代風騷，極一時之盛，推動了扶餘地域文化的迅速發展和繁榮。世代生活在這裡的扶餘各族人民用自己的勤勞和智慧，譜寫了一篇又一篇文化發展的詩章。

東明建立扶餘國

在兩千多年前的西漢時期，松嫩平原上曾存在過一個古老的王國，叫索離王國。在王充的《論衡·吉驗篇》中載有一個關於這個王國的神奇傳說，一直流傳至今。

據說，有一次索離王國的國王外出巡視，歸來後發現他的一個侍女懷了孕，國王疑其不貞，要將她殺死。這個侍女卻辯解說：「我沒有不貞之事，只因為曾有像雞蛋那麼大的一團仙氣從天而降，落到我身上，不久以後，我就懷了孕。這並不是我的過錯呀！」國王聽了，半信半疑，於是暫且將侍女囚禁起來。後來，這個侍女生了一個男孩。國王認為這是一個下賤的野種，不能留下，便命人將這孩子丟棄到豬圈裡，想讓豬把他咬死。但是，豬並不咬他，而且怕他冷，還用口氣噓他，這孩子在豬圈裡活得好好的。國王得知，覺得很奇怪，又命人將這孩子丟棄到馬欄裡，想讓馬踩死他，不料馬竟然不踩他，並且和豬一樣，怕他冷，也用口氣噓他。國王大驚，認為這孩子很可能是天神下凡了，怕處死他會激怒天神，帶來災禍，只好將這孩子留了下來。於是，國王讓這孩子的母親把孩子抱回去撫養，母親給孩子取了個名字，叫作東明。

東明漸漸長大了，出落成一個儀表堂堂的小夥子。這小夥子很聰明，也很勤奮，不論什麼事都做得利利索索。國王見他長大了，就命他帶領奴隸們一起去放牧馬群，這顯然給了東明一個練習騎射的好機會。每天，東明和夥伴們將馬群趕到水草豐美的地方，讓馬群自己覓食。然後，東明就領著大家練習射箭。馬上射、步下射、射固定目標、射移動「靶子」，不論寒暑，不避風雨，堅持不懈。他們還經常進行比賽，折一根柳木棍，插在幾十步遠的地方，大家輪流用弓箭瞄準射擊。比賽結果，東明總是射得最準。到後來，東明的箭法已是百發百中了，天上飛鳥掠過，東明抬手一箭，往往是弦響鳥落。東明不但箭法高超，人品也很好，尊老愛幼，急危救難。很快，東明就以精明的箭法和豪

爽的義氣聞名於索離王國，並將一批人團結到了自己的周圍。當時，國王昏庸殘暴，民不聊生。於是，東明和親信密議，準備積蓄力量，伺機奪取權力。不幸，消息走漏，傳到國王耳朵裡。國王見勢不妙，來了個先下手為強，密令武士們把東明殺掉。哪知這些武士早就對殘暴的國王心懷不滿，從心底裡擁護東明。於是他們在國王面前假意應承，出了王宮，立即飛奔到東明處報信。東明得報，馬上將自己的親信召集起來商議對策。大家一致認為現在還無力同國王抗衡，應該逃走才是上策。但是到哪裡去呢？東明說：「我們到南方的扶餘地方去吧，扶餘在掩褫水（松花江的古稱）南，那裡的居民也是濊貊人，語言習俗都和我們差不多，而且，那裡還沒有統一起來，各部落自有酋長，我們去了說不定可以幹一番大事業。」大家贊成這個意見，於是上馬南奔。國王得知東明跑了，急派騎兵追殺。東明等向南奔出不遠，遇到一條大河攔住了去路，這條河就是掩褫水。河水又深又寬，絕無徒涉的可能，而岸邊又無船隻。這時，追兵已遙遙在望，情況萬分危急，怎麼辦？大家都焦急地望著東明。只見東明不慌不忙地張弓搭箭，向水中發了一箭，這是一支具有神力的箭，它一進入水中，水中的魚鱉便紛紛浮上水面，迅速搭成一座魚鱉橋。東明見狀，急忙率領大家從這座魚鱉橋上安全渡過對岸。等到追兵到時，魚鱉散去，只能「望水興嘆」了。

東明過河後，由於當地各部落的酋長和人民對東明的勇武和仁愛早有耳聞，又聽說東明在神靈的幫助下來到這裡，上上下下一致認為東明是天神派來的代表，於是就擁戴東明為扶餘王。東明任扶餘王以後，一步步地建立起了一套完整的國家制度，扶餘國逐漸強大起來。關於扶餘建國的具體時間不詳，大約在春秋戰國之際或戰國末年，它的疆土中心在松遼平原，也包括掩褫水以北的嫩江平原一帶。

上述傳說見於《史記》《後漢書》《三國志》等史書。這些史書都不約而同地記載了扶餘國大體上是於西元前二世紀左右由濊、貊兩個民族建立的，其始祖是北方索離國的王子東明。經過多年的經營，到西漢時期，扶餘國已經逐

▲ 鄭武作《扶餘國的傳說》

漸發展成為東北地區強大的少數民族地方政權，並依附於中原漢王朝。

據考證，這個曾經管轄到黑龍江地區的較發達的軍政合一的奴隸制國家應是以今天扶餘和農安為中心建立的。扶餘王國建立有一套完整的政治、軍事和法律制度和上下尊卑的等級制度，其禮儀與中原地區大體一致。在經濟方面，扶餘的農業和畜牧業都很發達，而且已經有了製革、紡織、金銀器製作、兵器製造、冷藏、製陶與建築等行業。扶餘很早就同中原地區有了往來，對中原朝廷，還是恪守藩禮的。

扶餘國的中央政治機構都是以六畜為官名的，如馬加、牛加、豬加、狗加等。塞外眾多民族長期以來都過著居無定所的游牧漁獵生活。扶餘國首開農耕文明的歷史先河。平坦的土地、肥沃的土壤和密布的江河水流，為農業種植提供了得天獨厚的資源條件，很快使扶餘國成為富庶的大糧倉。其後，扶餘國力不斷強盛，疆域也隨之擴大。西至今白城通遼一帶，東至長白山腳下，南至遼河流域，北至松花江，成為塞外最具影響力的強盛之國，在政治上逐漸起主導地位。漢時，扶餘國就與中原王朝有著密切的連繫。那時漢王朝在遼東設有玄菟郡，負責管理塞外少數民族邊疆事務，扶餘國在玄菟郡管轄之下。

扶餘國豐富的物產、安定的生活，讓周邊鄰國垂涎欲滴。尤其是兩個近鄰鮮卑和高句麗，經常寇邊掠境，搶走扶餘國邊境地區的人口、牲畜、糧食等。

▲ 矗立在扶餘市的東明王像

西元二八五年，鮮卑首領慕容廆長驅直入攻破扶餘國都城，扶餘國王依慮自殺，扶餘國一度破滅。西元二八六年，在晉朝幫助下依羅趕走慕容廆，扶餘得以復國。西元三四六年，鮮卑部再次大規模東襲扶餘，「擄其部眾五萬餘口以還」。扶餘國從此一蹶不振。其東鄰高句麗，初為扶餘屬國，後漸強大時叛時服。扶餘國把大量的人力、物力用於對鮮卑、高句麗的戰爭，致使國庫漸近空虛。四七〇年，高句麗發動了一次大規模的入侵扶餘的戰爭，當時的好太王帶兵親征，「凡攻破城六十四，村一千四百」。四九四年，扶餘幾乎傾全國之兵征討高句麗。就在扶餘遠征軍與高句麗兵火相交不分勝負之時，扶餘國北部近鄰勿吉乘虛而入，攻破扶餘國都城，占領扶餘國大部疆域，扶餘國從此滅亡。

扶餘國自西元前二世紀至西元四九四年，存在六百多年，創造了璀璨的文化。今天的扶餘至農安一帶，都是扶餘國的北方屬地。而扶餘這個地名，就是由它而來。走進扶餘，在城市入口處東明王像巍然屹立，古老的傳說仍在民間廣為流傳。

伯都訥屯田墾荒

滿清王朝實行八旗男丁俸祿制，即男孩出生就開始食朝廷俸祿。到嘉慶年間，其人口增加到清初順治年間的近十倍，造成朝廷財政收支十分緊張。而八旗子弟紈袴驕奢，不事稼穡。為解決財政困難，在吉林境內先後屯墾了拉林、五常、雙城堡等地，均以效果不佳而告終。嘉慶二十三年（1618 年），皇帝接受朝臣開墾伯都訥（今扶餘市）圍場屯田的建議，兩次命令吉林將軍進呈松花江與拉林河環抱的伯都訥圍場之圖，擬在這裡屯墾，以解燃眉之急。道光元年（1821 年）臘月，朝廷責成吉林將軍富俊勘丈伯都訥屯荒之地，做屯墾前的準備工作。

吉林將軍受命勘察測量伯都訥圍場屯田之地，派遣兵丁避開驛站、鰉魚差、歐李貢差所建的村落和他們的站田官地，選擇地勢平坦、土質肥沃、適於開墾的地方連片丈量。官兵攢立一個土堆（封堆），十字前行五里六，再立封堆，四個封堆構成的「方框」就是一方號荒，即每個荒號長寬都是五里六的方形。方內有四節地，每節二百一十丈長。經過實地勘測，伯都訥平原上切割出荒方近二百個。吉林將軍親率僕從騎馬持圖實地踏察，標記出屯田之地適宜墾荒種植的只有整方一二〇餘個，其餘之地不宜墾殖。他如實具圖上呈，並大膽建言：擬墾荒方，每方可得良田近萬畝，招民人（漢族人）來墾，得耕地官貳民壹，足資三十戶蘇拉（閒散戶）一年之用度。

道光四年（1824 年）初冬，皇帝裁准，責令戶部並吉林將軍，如奏所擬，每方撥給打井資銀兩元，招民認墾，每戶民人墾荒三十坰，京旗戶到後官貳民壹，前五年不徵賦納捐，第六年升科照章納稅。按「治、本、於、農、務、滋、稼、穡」八字為墾荒順序，每字下轄一至十五個荒號，每號安置三十戶蘇拉，自五年始至七年辦理妥善。

戶部和吉林將軍迅速組織實施屯田號荒的墾殖工作。應召民人每戶需交納

九千文墾荒保證金，四人互保即可到伯都訥屯田之地自墾或者僱傭他人墾荒，即可領到號荒證明和優先出關文牒（通行證），出山海關到伯都訥墾荒，沿途關隘、卡輪甚至驛站要為他們提供方便。所需牲畜、種子、農器則需農戶自備。由於是官方放荒墾殖，加入到其中的條件比較低，因此應召的民人十分踴躍，消息很快就在民間傳開。大批晉冀魯豫破產失地的農民，特別是冀魯兩省有闖關東習俗的人們加入了闖關東的人流。

官府在伯都訥屯田之地，設置墾荒聚落一二〇個屯，以荒號為屯名，安置招募的墾荒民戶三六〇〇家，引發大清帝國歷史上規模最大、人數最多的一次闖關東。闖關東來這裡的人分兩類，一類在荒墾局子辦理了認墾手續，到這裡對號墾荒的人，人們稱其「坐山戶」。另一類是隨大溜闖關東的，他們是自行闖入墾荒屯田之地的民人，需要自尋謀生之路，或從已經認領荒號的「坐山戶」手中買得荒地田畝，人們稱其「買山戶」，或給地戶做工謀生。官府招民認墾，引導了闖關東的人群向放荒地聚攏，松花江、伯都訥、陶賚召（即陶賴昭，以下同）這些具有地標性的地名，被闖關東的人群四處傳播。成千上萬闖關東的人們歷盡千難萬險，甚至是死裡逃生，輾轉流離地出威遠堡門，沿著柳條邊牆奔至長春廳地界，再湧向松花江北岸的屯田墾荒之地。人們在這裡或是買荒墾耕，或是租佃他人已開墾的熟地耕種，或是出賣勞動力給田主地戶打短工（俗稱「榜青」）、做長工（俗稱「扛活」）。屯田之地始有炊煙裊裊，荒火連片，漸至雞鳴犬吠，路連南北，形成村莊屯落。一方荒四周的封堆線上，左右各有一弓（五尺）寬的地方，叫作地格子，是誰都不許開墾耕種的，用來作荒鄰間耕作時犁杖調頭和春種秋收時走車用（俗稱抹牛地），鄰村的人們趕集上廟會時也走地格子為路，因此也稱其荒道或者川道。年深日久，封堆間的地格子路被雨水沖刷變成車道溝，把大平原分割成無數塊方田。

實際所形成的屯落比擬定數多出許多，因為一個荒號內不止有一個屯子，一個屯也沒有達到預定的三十戶人家，而是三五家就成一個屯，另幾家也在同一個荒號內再成一屯，就用坐落方位、成屯先後和規模大小來區別，如前七

號、後七號，腰十一號、東十一號、西十一號，上二號、下二號，大五號、小五號等（皆為今扶餘市村屯名稱）。有些村莊，本來源自同一號荒，各自取了名字。例如，同一荒號內的西屯因為墾荒初始時有八戶人家，叫八家子屯，東屯則是在立屯鑿井時因為井深逾五丈而自稱為深井屯。兩個屯並不是東西並列，而是一前一後錯落兩節，有近三里路遠。更有一些村莊，相互間競爭大有互不相讓的意思，東屯叫楊莊，西屯裡沒有姓郎的人家，也沒有野狼在這裡出沒，卻叫「狼窩」，東屯又改名叫「楊炮手」屯（諧音洋炮手，打獵的人），形成了一些妨礙團結或是不雅的地名。幾番更迭，日久年深，現在的人們已經說不清自己居住的地方是幾號荒了。

自道光五年（1825 年）始至道光七年（1827 年）的三年時間內，伯都訥屯田就如期達到放荒墾地最初擬定的十萬八千垧（實際上要大於這個數字）。加之屯田開墾之前已有的官田、民地，伯都訥的耕地總數超過了三十萬垧（公頃），而且都是集中連片的平川崗地，是腐殖質高、旱澇保收的煙火之地。「官貳民壹」的墾荒分地方式，五年之內沒有稅賦的優惠條件令闖關東的人們幹勁大增。

朝廷鑒於拉林、五常屯田無成效，雙城堡屯田費銀百萬之多僅遷來京旗蘇拉四八七戶，覺得再往與雙城堡僅有一河之隔的伯都訥動員京旗蘇拉戶去耕種，實屬得不償失。這些京旗閒散戶多年來好逸惡勞，對離京去外地和幹農活特別牴觸，勞民傷財，實乃下策。因此皇上不過問，臣下不提及，大有不了了之之意。京旗蘇拉戶不至，屯墾的民人自然樂不可支，不納稅賦，沒有盤剝，種田收糧都是自己的。「糧食多了蓋大房，銀子多了買地場」。一時間，買房場置地、修宅建院成了這裡首先致富的人們的時尚標誌……

第六年開始，伯都訥廳在屯田號荒之地按每　地收賦（正稅）三百文，小租（附捐）三十文開始收稅納捐。老百姓說：「地種好（收成好）了，不在稅上。」

光緒初年，新任吉林將軍銘安到任，瞄準了這塊如同膏腴的黑土地。光緒四年（1878 年），吉林將軍化改「官貳民壹」，即不管是開荒占草戶自墾的土地，還是從他人手中購買來的土地，一律均等三一三十一，其中的兩份必須照

章花銀錢贖買，然後作為紅契給所有的土地頒發地照，按土地使用者對土地的稱呼登記在案，土地所有權歸地戶所有，使此項化改得以順利地實施。自此，屯田的耕地，在原有繪圖（每方有四至）標記大致的基礎上，再次重新登記造冊（每小塊都有地名、數量和四至等詳細的記載），悉數備案在籍。產權歸地戶（擁有土地支配權的人）所有，官家只按《地冊》《地照》徵收涉及土地的大租小租（稅和捐），對田產的地界保持、租佃抵押等事項的應用、買賣轉讓等民間土地財產所有權轉移之事一律不予過問，對其所產生的糾紛，概由衙門按民事調處解決。

也是從這一年開始，伯都訥人的地畝，每年都要進行一次封大租，地戶主人親自去巡檢衙門繳納稅款，或由鄉里代收代繳，各地的鄉約、鄉輔在秋後進行催繳，年（春節）前清繳完畢，還要維護所轄地面的治安秩序，防止土匪趁機攔路搶劫。因為副都統衙門有令，如果有到巡檢衙門封大租的民人，途中被土匪搶劫，出事地點所在地的鄉約要負地面不嚴的責任，輕者負責協助官兵追剿匪盜，重者負責賠償被搶劫的大租銀兩或者追究其資匪、通匪之罪責。由於自上而下採取了問責制，各鄉地面甚緊（治安管理非常嚴厲），屯田之地東部的民戶去孤榆樹巡檢衙門、西部的民戶去伯都訥巡檢衙門封大租，很少發生被搶劫的事。

伯都訥屯田之地自開荒占草以來，近二百年間無較大的自然災害，連年五穀豐登，倉滿囤溜，民間殷實。

這裡物華天寶，民風淳樸。清朝道光年間屯田號荒開荒占草時從四面八方前來墾殖的人們帶來了家鄉的民俗，在扶餘大地沿襲。墾荒的人們帶來了各地的文化，各種藝術在這裡相互交融，孕育出包容性很強的說唱扮舞藝術「唱蹦蹦」，逐步演化為東北流行的地方戲「二人轉」，使這裡號稱「二人轉之鄉」，文藝工作者在滿族八角鼓的基礎上，挖掘創新出新戲種——扶餘滿族新城戲，是全國為數不多的擁有少數民族戲種的縣份之一，其中《鐵血女真》《戰風沙》等劇目，曾榮獲過全國「五個一工程」創新優秀獎。

▍「大金得勝陀頌」碑立碑

驅車進入扶餘市得勝鎮的地域，
一條鋪在堤頂的水泥公路蜿蜒向前，
右邊是龍形山環繞著碧波閃爍的大甕
泉，左邊是一馬平川坦蕩蕩的稻穀和
片片飄著蘆花的濕地池塘。眼到處片
片清新翠綠、群群候鳥飛起，你還沒
有來得及細細品味一下那夢幻般的景
象，忽又發現在綠樹掩映下，驚起飛
鳥的地方，飄香的百花叢中托起一座
高高的碑亭。當它凸現你眼前時，高
挑秀美的碑亭挺立於漫起的沙崗之上，
和周圍的環境相映襯，顯得是那樣的
神祕。這座碑亭內立有一塊石碑，這
便是聞名遐邇的千年碑刻──「大金
得勝陀頌」碑。

▲「大金得勝陀頌」碑

　　「大金得勝陀頌」碑是一座歷史的豐碑。它記錄了一個世居東北的遠古民
族女真族不屈外族壓迫，為爭取民族自由而奮起一搏的壯麗篇章。打開歷史的
記憶，北宋時期在塞北有兩個強大的民族，一個是以遼河流域為中心的契丹
族，時已建國，稱遼；一個是以松花江流域為中心的女真族，以漁獵為生，歸
附於遼人統治，長期受到遼的壓迫。遼索要的貢品名馬、獵鷹、黃金、北珠、
松子、蜜蠟等都是女真族的名貴之物和奇缺的珍稀之寶。尤其為捕到貢品海東
青，多少女真壯年命喪絕壁，魂斷鷹路；多少女真家庭毀於鷹貢品，痛吟長恨
悲歌。更不堪忍受的是銀牌使者夜夜「薦寢」，讓剛烈的女真族人民受盡了屈

▲ 舊碑亭

辱。如同水火中的女真人，不甘心忍受屈辱的生活，企盼著獲得自由。一個叫完顏阿骨打的年輕人，完顏函普系後裔，完顏部的部落聯盟長，這個血氣方剛、豪氣萬丈的女真部族領袖，順應民意振臂一呼，應者雲集。聚二五○○名女真精兵，在今天我們看到矗立碑刻的這個沙崗上誓師起兵反遼。這一歷史時刻是西元一一一四年農曆九月中旬的一天。後人把阿骨打當年起兵的沙崗叫「碑陀地」，又叫「得勝陀」。

完顏阿骨打為什麼要選定碑陀地為起兵地點，有許多猜想和神祕的傳說。這裡只談一說：當年阿骨打為尋起兵吉地，從

▲ 新碑亭

▲ 陳立得作《大金雄風》

皇帝寨（今阿城南白城）西行踏過淶流水（今扶餘市拉林河），望見河岸西側斷崖那條龍形山脈、起首處是一個叫老山頭的土山，如同高高揚起的龍頭。完顏阿骨打以為這是一塊極好的風水寶地，便決定在老山頭上插旗為號聚兵起誓。第二天清晨，當完顏阿骨打帶著各部人馬從拉林河岸聚攏來時，發現昨天夜裡插在老山頭的旗幟不翼而飛，卻飄揚在坎下南距老山頭約一公里處的一個沙崗上。完顏阿骨打和女真族兵丁都認為這是天意，便在此舉起反遼大旗揮師西進，直取遼朝北部重鎮寧江州。女真族兵將果真是節節勝利，又連破出河店、達魯古城及泰、祥、賓等州。

西元一一一五年元月元日，完顏阿骨打在會寧（今黑龍江省阿城市）稱帝，國號「金」。此後大金國鐵蹄跨山越水步步南進，吞併遼國、滅亡北宋。戰火烽煙至金第四代皇帝海陵王完顏亮時，金軍隔長江與南宋對峙。完顏亮這個滿腹詩書才氣的皇帝站在長江岸邊，聽見江南幽雅的絲竹吳音，看見江南的繁華富庶，他的心早已飛過那道天塹阻隔。尤其當他看了柳永寫的一篇《望海潮》的詞句：「東南形勝，三吳都會，錢塘自古繁華。煙柳畫橋，風簾翠幕，參差十萬人家。雲樹繞堤沙。怒濤卷霜雪，天塹無涯。市列珠璣，戶盈羅綺，競豪奢。重湖疊巘清嘉。有三秋桂子，十里荷花。羌管弄晴，菱歌泛

▲ 張海清作《誓師伐江》

夜，嬉嬉釣叟蓮娃。千騎擁高牙。乘醉聽簫鼓，吟賞煙霞。異日圖將好景，歸去鳳池誇。」好一個「三秋桂子，十里荷花」！多麼美妙的江南，多麼誘人的景色，完顏亮欲揮鞭向南，跨過長江滅亡南宋小朝廷，實現天下大一統，他可以「乘醉聽簫鼓，吟賞煙霞」。然而這個野心勃勃的皇帝竟是一個非常殘暴的君王。不堪忍受他殘酷刑罰的士兵發動兵變，把他殺死在軍帳中。完顏亮終究沒有實現他的大一統夢想，沒有看到那醉人的「三秋桂子，十里荷花」。金與南宋劃江而治成了歷史性的格局，這一年是西元一一六一年。金的第五個皇帝世宗完顏雍治世有方，深受萬民愛戴，人稱「小堯舜」。當他看到連年戰爭到處都是兵結禍連，給人民帶來極大的災難，國庫也漸漸空虛，便提出停止戰爭，開始實行休養生息政策。經過完顏雍的治理，金恢復了生產，經濟逐漸得

到了極大的發展。女真人與漢人和睦相處，人民過上了安定、和平、富足的生活，國庫也豐盈了，然而新的矛盾又出現了。自從都城遷到燕京（今北京）後，大批女真貴族離開了塞北苦寒之地，舉家南遷。騎在馬背上飲血食肉的女真人走下馬背在中原置下莊園良田卻不種地，定居在都市裡過起了漢人浪蕩公子們的玩鳥、聽戲、品茶、鬥雞之類的生活，就連最基本的女真語和女真歌謠都不會說唱了，這個民族的種性正在一步步走向衰退！

完顏雍不愧為一個智慧的皇帝，他意識到這樣下去會引起這個民族的危亡，他要重新振興這個民族。他提倡女真人要學女真話，學唱女真歌曲，要從事漁獵、農耕勞動。他還作出一個重要決定，到祖宗發祥地去尋根訪祖。完顏雍北出塞外先到金上京（今黑龍江省阿城市南白城），隨後到金太祖完顏阿骨打當年興兵起誓之地，遍尋百歲老人，詳細瞭解太祖當年起兵舊事。當得知當年太祖起兵時曾說過的誓言：「若大事克成復會於此，當酹而銘之！」然而金太祖一生戎馬，當皇帝八年舉玉梃跨東西，揮金戈踏南北，終因積勞成疾駕崩軍營，當年的誓言成為遺願。望著太祖曾經立馬起誓的沙崗地靜靜地躺著，青草依依默默不語，天空彩雲淡淡無聲，完顏雍感慨良多，沉思良久：太祖當年鞍馬勞頓何等艱辛！女真民族又是何等的勇敢無畏！他下了一道詔書，在當年太祖起兵之地立石刻碑，銘記太祖功績。一年後，即西元一一八五年（金大定二十五年）農曆七月二十八「大金得勝陀頌」碑刻成立石。千年碑刻巍然屹立，一代雄主風範，一部塞外民族肇興的歷史，一個引領時代風騷的逸事留予後人。

▍巴爾達闢建伯都訥新城

　　巴爾達，伯都訥第一任副都統，康熙三十一年（1692 年）由吉林副都統調任，係當時伯都訥地方最高長官，隸寧古塔將軍，為正二品武職旗官，花珊瑚頂戴，主理伯都訥、長春、永吉間旗務（軍務），兼理錫伯、咯爾咯、巴爾

▲ 鄭武作《巴爾達新城圖》

虎、卦爾察等佐領及境內蒙旗事務和民務。由於副都統駐地伯都訥舊城是在寧江州舊址原兵站、驛站基礎上建立起來的，副署和駐軍進駐後其規模已不能滿足需要，加之城址離江過遠，生活用水和交通運輸都有諸多不便，為此，巴爾達到任次年（1693年）於舊城南十二點五公里處松花江畔另建新城，稱伯都訥新城，移副都統衙門駐城內。新城城垣土壁高四米，城周三點五公里，設東、西、南、北四門。城東西長約一點三公里，南北寬約一公里。城內建有副都統府、銀庫、印庫、四門值班官兵堆撥房和果子樓等。新城建立後，伯都訥、新城成為代表同一方水土的兩個不同稱謂，廣為流傳。

作為伯都訥地方經濟、政治、軍事、文化中心，伯都訥新城在作為副都統衙門駐地的同時，也曾先後有地方民事機構如長寧縣、理藩院、伯都訥廳、新城府衙署等駐此。民國成立後，先後為新城縣、扶餘縣政府駐地。一九八七年以後，先後為扶餘市、松原市，扶餘市改稱扶餘區和松原市寧江區人民政府駐地。斗轉星移，如今伯都訥舊城已失去往昔的光環，只有僅存的殘垣斷壁在默默向人們陳述著往日的風采；而崛起的新城，以新的姿態，踏著時代的最強音，奔向輝煌的未來。

巴爾達主政期間伯都訥新城的建立，使伯都訥從此進入了全新的發展階段，成為名噪關東的「邊外七鎮」之一，也為這裡後來的發展乃至今日之騰飛奠定了重要基礎。撫今追昔，巴爾達闢建新城之舉，功莫大焉。

鰉魚成為清朝貢品

　　清朝中期某年農曆臘月裡的一個良辰吉日，北京紫禁城內，到處張燈結綵，鼓樂喧天，禮炮轟鳴，一派祥和的節日喜慶氛圍。儀鸞殿上香菸繚繞、歌舞昇平，新帝登基大典正在這裡隆重舉行。儀式上有個重要細節，就是新任皇帝在坐上龍椅之前，要在宗人府的司儀郎官的高聲唱和中，在皇家禮儀樂隊演奏的歡快樂曲聲中，昂首闊步，走上廳堂中鋪著的紅氈地毯，踩著上面墊著紅氈的鰉魚頭，再邁向象徵著登基坐殿的龍椅，穩穩地坐上。隨著皇帝落座，殿下朝賀的文武百官，齊刷刷跪拜在地，行三叩九拜大禮，同時高呼「吾皇萬歲、萬歲、萬萬歲」。新帝在登基大典儀式上踏著鰉魚頭坐上皇帝的寶座，這是宮廷自康熙王朝特定的新帝登基禮制，只有踏著鰉魚頭坐上龍椅，才是大清國天經地義的皇帝。而新皇帝所踏的鰉魚頭，就是由設立在伯都訥的鰉魚貢差進貢、獻納的貢品鰉魚的魚頭。

　　清王朝皇室的祖輩，遠在先秦時代，是生活在古代扶餘國一帶的肅慎人。清朝的創始人清太祖努爾哈赤，雖然他的肇基之地是遼寧新賓，可他的後裔仍把松花江環抱的伯都訥視為本族的「龍興之地」，備加呵護和高度重視。一六四四年清王朝入主中原，遷都北京之後，特別是康熙王朝，更把地處松花江環抱處的伯都訥開闢為貢山、圍場，通驛路、設驛站、置鰉魚差務，為朝廷捕捉鰉魚並按時納貢。因此，東北地方的特產，在清朝統治時期，源源不斷地運往北京城，滿足清皇室的需求。

　　清朝皇室為了更好地選擇和及時地蒐集當地特產，特意在吉林建立了專門的機構——打牲烏拉總管衙門。打牲烏拉總管負責的貢品中，除了人參、貂皮、鹿茸、珍珠、海東青、蜂蜜、松子、榛子、熊掌、鹿肉、野豬肉、蘑菇、山野菜外，還有伯都訥特產的鰉魚、歐李等。

　　鰉魚貢，就是專供皇帝及後宮的娘娘、嬪妃食用的魚。《扶餘縣志》記

▲ 鰉魚貢圖

載：乾隆年間，將松花江特產鰉魚定為貢品後，錫伯人充當貢差。貢差們集中住在達戶屯、雙屯子、錫伯屯等地，歸內務府直接管轄，管理者稱「務戶裡達」。雙屯子的蘇姓「務戶裡達」是各地鰉魚差務的總管，由他統一掌管進行捕養和進貢鰉魚活動。鰉魚差們在沿江設立網房子和曬網場，修建了幾處鰉魚圈，用以存放和圈養捕捉到的鰉魚。

康熙四十年（1701 年）正式把鰉魚列為貢品，在伯都訥（今扶餘市沿松花江的村屯）設立鰉魚貢差務，鰉魚差每年向朝廷納貢一次。鰉魚差們把一年之中捕捉到的鰉魚，就近在各個鰉魚圈中圈養起來，並登記造冊，每年優中擇優選一條向朝廷進貢。鰉魚是黑龍江流域特有的鱘科魚種，松花江中和沿江河汊泡澤中時有鰉魚出沒。鰉魚吻尖體長，背呈灰綠色，腹黃白色，體大肉味鮮，魚卵尤其名貴珍稀。成齡魚一般體長五至七米，重達幾百至上千公斤。鰉魚差務皆由錫伯族人世襲充任，他們由朝廷內務府直接管轄，食朝廷俸祿，在沿江村屯設立曬網場地，有官田為他們生產糧食，世世代代以捕魚納貢為業。每年在江河冰封期過後（俗稱開江），務戶裡達就組織小差戶在鰉魚可能出沒的松花江地段和入江河流及泡澤中邊捕魚邊巡查，一旦發現大小鰉魚的蹤跡，大家合力用「擋亮子」的方法設柵（俗稱「迷魂陣」）捕捉，力爭捕捉到活魚，然後送入人工開挖的鰉魚圈中，在圈中投放大量的捕撈來的上個子的（一斤以上

的）鯽魚、鯉魚、鱅魚、鰱魚，供鰉魚進食，把鰉魚精心餵養起來。現在的人們仍然把出產過鰉魚的水域或者圈養過鰉魚的地方，稱為鰉魚圈。待到嚴冬來臨的時候，鰉魚差們把內務府審定為合格的那條鰉魚，用網打撈出水，在刺骨的寒風中自然冷凍並整形，包裹上御賜的黃綾，擺放在京桃木打造的木輪大車上，舉行有地方官員、軍民各界人士參加的隆重而熱鬧的進京納貢儀式，啟程運往一千多公里以外的北京城，向朝廷納貢交差並領取宮廷對鰉魚差的賞賜。

臨近農曆冬月的時候，伯都訥地方和東北各地一樣，已經是漫山積雪、滴水成冰的時節了，務戶裡達早就聯絡了進京納貢途經地方的州城府縣各處衙門，而各地衙門的官員則依據歷年的慣例，向途經自己管轄地段往京城運送鰉魚貢的鰉魚差們提供生活上的便利和運送鰉魚所需要的幫助。由於天寒地凍、大雪封山，往京城運送鰉魚貢的運輸工具，不是大車而是便捷輕巧的大桿爬犁（帶有車轅子和車廂的大型雪橇，用多匹馬拉行）。插著「貢」牌的爬犁，車廂高架，下面車笆籮中是裝滿水的木製水桶，上面的箱欄架上擎著的托板前出廊簷後出梢，裝載著新鮮碩大的鰉魚，緊隨其後的一些爬犁載著進京納貢的鰉魚差和木水桶，水是用來淋灑鰉魚的，使鰉魚保持一定的溫度和濕度，確保其不變質變形，使得鰉魚運到北京時還是新鮮如初。再是遇到無雪無冰的路段，灑水澆路，確保運送鰉魚的爬犁拖滑通過，途中不耽擱誤事。沿途各地衙門派

出護送皇貢的官兵和驛丁，在轄內地段的途中騎著五彩馬，高擎大清龍旗，馬鈴叮咚、威風凜凜地在鰉魚貢隊伍的前面鳴鑼開路，鰉魚貢的大隊人馬浩浩蕩蕩跟在後面。地方官員協助進京納貢的鰉魚差，為納貢的人馬提供衣食住行各方面的便利，直到他們安全地通過自己管轄的地界，完成一年一度的迎送鰉魚貢的任務。

鰉魚作為貢品，在朝廷的用途一是遇有老皇帝賓天後，在新皇帝登基的大典上，新皇帝要踩著鰉魚的頭邁上龍椅。新帝登基大典在農曆臘月裡進行，因此進貢的鰉魚必須在臘月前運到京城交差。二是供皇帝和后妃們享用，即使這一年沒有新帝登基的大典，鰉魚貢也是照納無誤的，皇宮帝室過年的宴會上吃鰉魚，是其他任何魚種不能代替的。乾隆皇帝（康熙帝之孫）曾數次到吉林圍場行圍狩獵，他對食用松花江特產的鰉魚特別感興趣。有人曾經作過一首詩，詩中有「銅幫鐵底松花江，天賜鰉魚獻吾皇」的句子。乾隆皇帝放船松花江，駐蹕三岔河口（亦稱三江口），觀看士兵撒網捕魚的熱鬧情景，欽聽鰉魚差匯報捕捉鰉魚的趣聞，吃小米麵大煎餅，喝鰉魚湯的趣聞逸事，至今仍在扶餘市的民間廣為盛傳。封建社會裡，皇帝的意旨就是至高無上的命令，地方官吏能夠給朝廷甚至是皇帝親自辦差，是可遇不可求的，更是無上榮光的，從朝廷到地方衙門，從皇帝到應差的小吏，何惜浪費大量的民力和物力。

伯都訥的鰉魚差和鰉魚貢自康熙朝開始設置和納貢，直至清末光緒二十六年（1900 年）八國聯軍占領了北京，慈禧太后攜光緒帝逃到西安。俄國軍隊溯松花江而上，攻占了伯都訥新城，洗劫糧食和財物，還把沿江各個鰉魚圈中圈養的鰉魚宰食一空，鰉魚差務戶裡達向內務府報告，本年已無鰉魚用於納貢。朝廷忙於同八國聯軍媾和，慈禧太后和光緒帝滯留在西安避難，何時能夠返京還朝尚不得而知，朝廷下詔諭打牲烏拉衙門：伯都訥距京路途遙遠，自此終止鰉魚貢差務。鰉魚差和鰉魚貢歷經滿清王朝十三朝中的八朝，歷時二百多年，伴隨著清王朝走過由鼎盛到衰落的整個過程，隨著滿清王朝的沒落，終於退出歷史舞台，成為歷史記載。

歐李成為皇家貢品

在扶餘市中西部（三井子鎮、永平鄉一帶）方圓百里的荒山野甸上，現在還有一種野生果品——歐李。這不起眼的荒山野果，在三百多年前，可是只有皇帝和皇親國戚才能吃到的名果貢品——歐李貢。

歐李，薔薇科，是李子的一種。歐李樹為矮小灌木，生於溪水溝旁或草叢中，適宜北方寒冷氣候生長。果實分鴿卵、磨盤兩種（民間俗稱）。歐李成熟時，果皮紫紅，晶瑩剔透，果味酸甜帶有清香，十分可口。

清太宗皇太極娶了博爾吉濟特氏，冊封為孝莊文皇后，皇后（孝莊）身邊有個小侍女叫蘇麻拉姑，後來孝莊生了貝勒順治，蘇麻拉姑成了順治的玩伴。相傳有一年，順治生病，太醫多方施藥，可病情不見好轉，這可急壞了宮中所有人。蘇麻拉姑看到昏迷中的順治嚅動著乾裂的嘴唇，就把皇后賞給她吃的鮮果，給順治餵食了幾顆，沒想到奇蹟發生了：順治的燒退了，人從昏迷中醒來，竟然能起床和蘇麻拉姑玩耍了，還向蘇麻拉姑要鮮果吃。碰巧孝莊來看望順治的病情，天真無邪的蘇麻拉姑如實稟報皇后：娘娘賞賜的鮮果，自己一顆都沒有吃，全給小貝勒吃光了，貝勒吃了就醒來，下床玩耍。孝莊聽了，大喜

▲ 百強國畫作品《歐李貢》

過望，重賞了蘇麻拉姑，並傳下懿旨：「哀家吃的所有貢品，蘇麻拉姑都可以隨意吃。」蘇麻拉姑由此得到孝莊和小順治的高度信任，在宮中的地位與日俱增，就連內務府的大總管都讓著她三分。是日，皇上問起貝勒皇子的病情，孝莊回皇上說：「納仁汗給哀家送來小時候愛吃的那種野果，我信手賞給蘇麻拉姑一把，沒想到她給小貝勒吃了，貝勒的病還真好了。」

孝莊、順治喜歡吃的鮮果，就是伯都訥地方的特產——歐李。於是內務府傳諭打牲烏拉總管衙門：貢品增加伯都訥特產的歐李鮮果，驛路六百里加急送往盛京（今瀋陽）朝貢。打牲烏拉總管衙門隨即在伯都訥歐李產地設立歐李貢山，派專員駐貢山和伯都訥城辦理採集、加工、朝貢的諸項事宜，並派兵丁看護貢山，防止當地的驛站人員和他們的佃戶私自採摘、食用，還要防止流民（漢族人）潛入，墾耕盛產歐李的土地。

一六四四年，清王朝入關，順治在北京登基，成為大清朝的第三位皇帝。儘管全國的水果貢品繁多，可他仍然保持著吃歐李的嗜好。扶餘距京城千里迢迢，歐李鮮果無法運送到京城，只好加工成蜜餞，密封於景德鎮青花瓷壇中運往北京朝貢。在伯都訥新城（原扶餘縣城，今松原市寧江區政府）曾經設置過「果子樓」，專門為朝廷製作貢品「歐李蜜餞」。

歐李作為扶餘運往朝廷的貢品，持續了二百多年。

萬民建設萬善石橋

　　扶餘市境內有一座三孔蓮花瓣石拱橋——萬善石橋，是扶餘境內著名的古建築之一。它位於扶餘西北部石橋村（原石橋鄉）屯東，橫跨夾津溝，為三孔拱式橋。橋身由青色和淡黃色花崗岩砌成，全長四十點一米，寬四點一米，高七點七米，橋身南面上部刻有「天地同休，萬善石橋」八個字，北面上部刻有「流芳百代」四個字。橋上欄杆兩側各雕有石獅一對。石橋造型穩重古樸，極富民族建築風格。石橋於清宣統三年（1911 年）動工修建，一九二一年（中華民國十年）竣工，是扶餘北線公路上的重要橋梁。一九八七年公路改造時，在石橋北側建造一座鋼筋混凝土橋梁。自此，石橋終其使命。

　　這座具有近百年歷史的三孔橋，向人們訴說那鮮為人知的過去。石橋村原叫李豆腐坊屯，位於夾津溝末端，松花江南岸。那時，夾津溝兩岸風景秀美，水豐魚肥，草長鶯飛。伯都訥屯田初墾時，很多漢族人到此墾荒落戶。當時夾津溝只有二十幾米寬，橫亙其上的是一座木質大橋，但因年久失修而毀壞，以致交通受阻，給當地人帶來了極大的不便，每年都有車馬墜橋的事件發生。清

▲ 萬善石橋

宣統三年（1911年）春，由長春嶺慈善會吳守仁、石洪範（當地人稱其為吳老常、石老洪）等人倡議，募捐善資，修築石橋。他們動員了本地的僧侶四處化緣，遠至山東、山西、河北、河南等地。僧侶們幾經輾轉，共募集善資一四七萬吊。慈善會於是派人到吉林市郊阿什哈達採購石料，並開工興建。在山東省濟南府大於莊，慈善會和僧侶們的善舉感動了年輕的石匠於明元。在徵得父母同意後，他帶領十幾個能工巧匠跋山涉水來到東北，出任「把頭」，承擔起築橋的重任。那時，建橋工藝原始落後，但工匠們沒有半點馬虎。他們察水情，勾草圖，幾經推敲，反覆斟酌，拿出了最佳方案。隨著開工慶典的一通鑼鼓，十幾個壯漢站在高高的腳架上，托起鐵夯，將渾圓的松樹樁節節打入地層深處，奠定石橋的基礎。

十載雨雪風霜，十載含辛茹苦，十載堅韌不拔。一九二一年（中華民國十年）秋，石橋竣工。當七匹棗紅馬響著串鈴，拉著第一輛滿載糧食的木輪大車，轟隆隆走上橋時，鞭炮炸響，鼓樂齊鳴，歡慶的人群沸騰了，久違的笑意掛在了他們憨厚的臉上。他們對著石橋歡呼，向建橋的工匠們致敬。

為了紀念築橋善舉和有功人員，慈善會在石橋西端北側建雙廡殿式廟宇一座，並附有鐘樓。廟簷下立有兩座工程碑和四座募資碑。碑用漢白玉石做成，高七尺，寬二尺，邊緣雕龍，兩面刻有築橋者及捐「善資」人的名字，密密麻麻，成千上萬。慈善會將石橋取名「萬善」，即指此乃萬人善舉之意。

建橋後，慈善會用結餘的「善資」購置土地五十三公頃，收養孤兒二十多人。慈善會用耕種和租賃土地的收入維護石橋，供孩子們讀書。幾年後，孤兒們先後長大成人。他們有的就地務農、成家立業，有的當兵報國、建立功勛。

萬善石橋迄今已近百年，橋身堅固無損，只是橋上兩側石欄和石獅子遭到損壞，所剩無幾。二千年，相關部門及人士出資修葺石橋，並建立萬善石橋保護園。現石橋已修復如初。

萬善石橋的建成，給當地人們帶來了便利，更留下了許多美好的傳說。其中流傳最廣的當數「喬成」的故事。故事講的是石橋即將落成，頂端需砌入最

後一塊石頭，可是所鑿石頭非大即小。一時間，工匠們急得團團轉。這時，走來一位白髮飄飄的老者。只見他撥開眾人，搬起一塊石頭，邁步向前，穩穩放下。放入的石頭與已砌入的石頭左右一致，上下協調，令工匠們讚歎不已。問其姓名，老者答曰喬成。話畢，人已無蹤。眾人驚訝，都說遇到了神仙……

引拉工程凝聚扶餘精神

　　拉林灌溉引水工程是扶餘有史以來最大的一項引水工程，引來拉林河水，灌溉萬畝良田，營建東北糧倉，造福扶餘人民。對於扶餘人民來說它意義非凡，也許一開始就注定了這個工程與眾不同，它開工的日期讓人永世難忘。

　　一九七六年九月九日，在松嫩平原的一塊黃金寶地上，吉林省扶餘縣東部拉林河畔匯聚十六點五萬建設大軍，在六十五公里的施工線上開始進行一項浩大的工程——扶餘縣拉林灌溉引水工程。鞭炮聲和激昂的誓言聲中，扶餘人有史以來最大的水利工程開工了！

　　下午三時，毛澤東主席逝世的消息由廣播中傳來，百里工地上一片寂靜，十數萬人痛哭流涕，縣委及時傳達黨中央的指示，號召全縣人民團結起來，化悲痛為力量！參戰的工人、農民、幹部、店員和學生響應縣委的號召，踴躍投身到這項工程的建設中來，出現了「父子齊上陣，姐妹同出征」的局面。奮戰在「引拉」工地上的人們，吃的是粗糧鹹菜，睡的是臨時搭設的帳篷，干的是鋼鐵活，出的是實實在在的成果，時間過一日，大堤長一層。在沒有任何大型設備的情況下，僅用了一年零兩個月的時間，奇蹟般地完成了一四四〇萬立方米的總土方量。長長的堤壩是用汗水、力量、精神灌注的、壘砌的。

　　拉林河是從蔡家溝鎮的珠爾山下進入扶餘境內的。斜向西北流過三點五公里，一個叫後祖家的小村莊緊靠在河邊，拉林灌區的源頭就

▲ 引拉灌區水閘

在後祖家屯前，一個引水閘是源頭的起點，把拉林河水引進輸水渠內。這條輸水渠實際上就是一條人工河，很像我們熟悉的京杭大運河，只不過我們這裡的交通方便，堤上就是柏油馬路，不用行船走水運。沿著台坎地帶步步向西經過前祖家、西車家店、農場、西燒鍋、鄭家、四方台、拉林、李家坨子、獨立營、李家崴子、孫家崴子、楊家崴子等自然屯，長二十九點二公里。長長的輸水渠兩側人工堤壩上綠樹掩映，渠水緩緩流過，在堤壩上行走不時會看到村莊前的一座座小橋，或大或小或寬或窄，有木橋也有水泥橋，每座橋樣式各不相同。弓棚子鎮的楊家崴子到得勝鎮的二道崴子，是拉林灌區的後半部分。拉林灌溉引水工程的七個庫區，簡稱「引拉水庫」。這七個庫區是就著台坎地的七個山崴子修築堤壩圍成的，開始時庫區名是根據山崴子旁的屯子命名，從南到北分別是楊家、孟家、李梁、范家、石碑、三道、二道。從二道水庫向北修有一條輸水渠，在得勝鎮的小獾子洞屯旁西側過國堤與松花江相通。從拉林河後祖家閘門輸入口，到小獾子洞匯入松花江，貫穿扶餘縣東南到東北。

當初設計修築拉林灌區引水工程，主要目的是灌溉農田。自從工程修竣以來，扶餘縣東部坎下的蔡家溝、肖家、拉林（現已歸入弓棚子鎮）、更新、得勝鎮等鄉鎮大大受益。昔日的低窪地，沼澤鹽鹼塘，如今有了水源，開發成水田身價倍增，變得稻花飄香，五二二九〇公頃水澆地年年旱澇保收稻穀滿倉。沿線很多昔日貧窮的農民就是因為引水種稻打了經濟翻身仗，走上脫貧致富路。七個庫區開發養魚，一一三三公頃水面每年都有八十多萬斤優質的鰱魚、鯉魚、草魚等綠色無公害水產魚供應市場。上游輸水渠除了養魚，還分段養鴨，不餵飼料，吃小魚小蝦的鴨子下的蛋，成為扶餘一個名牌綠色食品。

引拉工程是扶餘人民「改造自然，利用自然」史無前例的一大傑作，是扶餘人民勤勞與智慧的結晶。它不僅是一筆巨大的物質財富，還是一筆巨大的精神財富。在此項工程中，扶餘人民體現出的「自力更生，艱苦創業，團結協作，無私奉獻」的傳統美德和感人精神，受到了後人的稱讚而廣為傳頌。

如今，引拉工程以其水渠綿延百里，兩岸稻浪翻滾、渠水奔流壯觀的氣

勢，成為扶餘市一大景觀，無聲地向後人訴說著當年扶餘人民勤勞致富的故事，所形成的團結、奉獻精神仍在激勵著一代代扶餘人建設美好家園。

水淹千年石頭城子

「水淹石頭城子」是在一百多年前發生在扶餘歷史上的重大事件，與火燒船營（吉林市）、風颳新城（松原市）、雀燒黃龍（農安縣）並列為四大「怪事」，現在仍然是扶餘人茶餘飯後的談資故事。

坐落在扶餘市三岔河鎮東北的石頭城子村，是一座有著千年歷史的古城池。它建在東西方向土崗的南坡，古城遺址就在屯子的西側。幾條蜿蜒曲折的會塘溝的小支流，在屯西南處彙集在一起，形成一條較大的壕溝。溝從屯子的南面和東面繞村流過，使村莊處在依山傍水、窪中居高之地。遠在一千多年前，遼國為了加強對女真部落的統治，專門設立了一條通往女真部落首領駐地黃帝寨的驛路，從遼國的北方重鎮黃龍府（今農安城），到黃帝寨（今阿城南白城子）之間設有九個驛站，其中在扶餘境內有二個，分別是報打字董鋪驛站和裡間寨驛站。報打字董鋪驛站，就坐落在今天石頭城子這個地方，後來遼國在報打字董鋪設立了利涉縣，並修築了城池，其城池毀於遼金之爭的戰火，至今城垣遺址猶存（石頭城子古城遺址），這裡曾經出土過大量宋遼金時期古錢幣及「利涉縣印」和遼金時期的文物。

石頭城子由於有著它的地理優勢和千百年來的歷史積澱，作為鄉間集鎮，商埠功能其勢不衰，南大寺依然香火鼎盛，與近在咫尺因修築鐵路而立城的商埠中心三岔河遙相呼應，大有相互抗衡之勢。多數作坊老鋪故地難離，不願意南遷至三岔河去重建，仍然留在石頭城子做生意。周邊十里八村的鄉民趕集上店依然先奔石頭城子集，餘暇有時間才順路到三岔河逛一逛，看一看能不能買到便宜、適用的洋貨。

光緒三十一年（1905 年）的夏天，三岔河、李家店、腰六號、石頭城子一帶多日未雨，會塘溝兩岸一片乾旱，農田中的莊稼在往年這個時候已經是齊腰深了，可今年因為雨水少莊稼還沒有苫嚴地皮，打破了「五月半，莊稼沒瓦

▲ 現已被農田莊稼覆蓋的石頭城子舊址

罐」的農諺。農曆五月中旬某日晌午剛過，三岔河、小九號、李家店、腰六號、東崗一帶天空烏雲密布，霎時狂風大作、電閃雷鳴，如注的傾盆大雨夾雜著令人窒息的涼風，頓時使石頭城子周邊溝滿壕平，只見往日條條乾涸的水溝裡洪水撐著勁兒翻滾著浪花，洪峰（水頭）似脫韁的野馬群，以排山倒海之勢咆哮著向前奔騰，疾速在石頭城子前面的會塘溝支壕彙集，從田野上鋪天蓋地衝下來的地表溼流水，席捲石頭城子街路上沒有來得及收攤的各商家店鋪，瓜果、箱籠、席篷、雜物等順著水流衝向會塘溝。洶湧的洪水使石頭城子街東叫張家灣的地方汪洋一片，洪水湧進屋內，房倒屋塌，轉眼間家園被摧毀。

　　肆虐的洪水退去後，人們在滿目瘡痍的廢墟上重建家園，商家陸續到三岔河重建發展，貧苦農民和種地戶依然在這裡老守田園。三岔河（今扶餘市主城區）作為新闢商埠，依託鐵路這個現代化運輸工具，以其西靠新城府，東連榆樹縣，北通雙城堡、哈爾濱，南瀕臨松花江，直通德惠街、長春府，遠到大連灣的水陸交通優勢和地理區位優勢，取代了石頭城子的農副產品和工業品集散地的作用，迅速成為伯都訥平原上的商埠重鎮。石頭城子自此失去了往日的繁華，成為一個普普通通的村落。

張其軍開地方史志撰寫先河

張其軍，字步瀛，一八九六年生於吉林省扶餘縣長春嶺鎮一地主家庭，青少年時，就讀於新城府公立滿蒙兩級小學堂。畢業後，東渡日本留學，就讀於東京法政大學，專攻法律。歸國後，歷任吉林省法政專門學校教員，吉林交涉署諮議和吉林省會水上警察第三科科長，嗣後遞補省議員。

張其軍在鄉就學時即負才名，留學東瀛歸國後，才名更震。縣知事張某曾稱讚他「才高一石，洞識八荒」。東三省陸軍十旅副官長商某謂之「步瀛舊學頗有根底，復精通各國語言，奇才也」。

張其軍為人正直坦率，關心政治，體察民情。任省議員期間，堅守中立原則，不參與派系之爭，他認為，「嚴守中立，不願陷入漩渦受人抨擊，並非矯異鳴高，良以黨爭決非地方福利」。在指斥地方軍警擾民的文章中呼籲：「希

吉林省議會議員

日本東京政法大學畢業

張其軍

編輯者

張其軍字步瀛現年二十九歲

吉林扶餘縣長春嶺人日本

東京法政大學卒業歷充吉林

法政專門學校教員吉林交涉

署諮議吉林省會水上警察第

三科科長現任吉林省議會議

員兼水上警察秘書（斯影系攝

于日本東京者）

▲ 第一本縣志內頁

望其為人民留一分之氣而造功德於無量也！」同時對當時政界商界的鉤心鬥角、黨同伐異行為提出警告，「這種種紛爭猶如賭博，不借智能，不事勞動，不自增其生產能力，專事涉險，以博榮幸……以人食人，割肉補瘡，莫此為甚」「久而久之，失敗者日多，勝利者日少，社會必發生最大的變動，亦將社會滅亡之一日。可不懼乎！」在省議會，張其軍曾提議「確查水災分別籌恤由」，得到通過，《吉長日報》以「張議員為民請命」為題作了報導。

編纂《扶餘縣志》是他的夙願，早在日本留學期間，他便著手部分篇章的編寫。他希望通過縣志的編纂發行，「使縣人知縣內各種內幕，俾便急起直追從事改革」。他具體提出八項改革辦法，即「肅清匪患、擴充教育、監察官吏、改良警團、注重交通、獎勵農耕、保護工商、整理錢法」。為編纂好扶餘縣地方的第一本縣志，並使志書達到「追溯既往之歷史」「促進將來之文明」的目的，他利用業餘時間廣泛查閱檔案，多方徵集資料，採訪鄉邦父老。從一九一九年開始，經過五年努力，終於一九二三年脫稿，經廣泛徵求意見後，一九二四年印行。當時吉林省省長王樹翰為該書題封，濱江道尹蔡運升等人分別為之撰寫了序文。張其軍所撰寫的《扶餘縣志》，全一冊二百五十八頁，計約十六萬字，是自扶餘地方設制以來第一部地方史志。他開啟了扶餘人自己寫自己家鄉方志的先河，便於桑梓存史昭人，具有非同凡響、積極向上的歷史意義。

東北淪陷後，張其軍去關內，被派任河北通縣縣長。「七七事變」爆發後，張其軍隨部隊南下，避居武漢法租界。武漢陷落後，回居北京賦閒不仕，未再仕進，直至抗戰勝利。一個留學日本多年，又在國內有多年從政經歷的中年人，能夠在侵略者的鐵蹄下堅持不為侵略者效力，其民族氣節、個人品格著實令人感佩。新中國成立後，張其軍病逝於北京。

扶餘滿族新城戲誕生

地方戲曲，群芳爭妍。在這座百花盛開的大花園中，扶餘擁有自己的古城之花——滿族新城戲。

滿族新城戲，既有別於評劇，又有別於人們喜聞樂見的東北二人轉。它是在久遠的滿族民間說唱藝術「八角鼓」的基礎上發展創作的一個具有濃郁地方特色的新劇種，曲調優美動聽，委婉抒情，表演不落俗套，別具一格。

「八角鼓」原來是滿族牧民演唱的民間歌曲，清兵入關後，繼續演唱多年。康熙、乾隆年間，由專業演員發展成坐唱形式。演唱的曲目有民間傳說和神話故事，也有抒情小曲和風味小段，嘉慶年間以後，逐漸衰落，趨於消亡狀態。

一九五五年，文化部為了搶救民族民間文化遺產，在全國範圍內發起文藝採風活動，扶餘文化界徐達音老師等人，發現民間兩位老藝人能唱「八角鼓」，他們就組織採風工作組，把老藝人唱的「八角鼓」記錄下來，經過加工整理，形成了二十七個曲牌，四十個曲目保存下來。

根據周恩來總理關於東北要有自己地方戲曲劇種的指示，扶餘地方於一九五九年開始新劇種創作。因扶餘在清朝末期曾設置新城府，故新劇種命名為新城戲。當時成立了「扶餘縣新劇種創編委員會」，由縣委宣傳部部長朱鳳海兼任主任，開始了新劇種的實驗活動。新城戲的音樂聲腔，選用了扶餘民間流傳的滿族說唱「八角鼓」做母體基調。第一個實驗劇目是古裝戲《箭帕緣》，由趙少華、孫宏斌編劇，趙少華首次創腔，主演胡靜云飾女主人公貞娘，孫麗清飾韓芳，張來仁飾王爺。新劇種的實驗工作皆在縣評劇團內進行，選部分優秀青年演員參加排練和實驗演出。一九六〇年十月，正式建立了扶餘縣新城戲劇團，有了自己的專業表演團體。

新城戲這株幼苗剛一出土，就受到了各族人民的歡迎。他們自編自演的

《箭帕緣》《戰風沙》《鐵弓緣》等十多個節目，先後演出三百多場。一九六〇年吉林省文化局召開新劇種會議，全省有十幾個新劇種參加，扶餘新城戲《箭帕緣》反響比較熱烈，受到與會領導、專家和觀眾好評。戲劇劇作家胡沙、評劇作曲工作者賀飛等觀看了演出，並單獨聽了新城戲的唱腔和綜合藝術方面的匯報，給予了充分的肯定和鼓勵。

一九六一年，按照省文化局的安排和推薦，新城戲劇團曾赴長春、懷德、四平等地區和白城地區各縣（市）巡迴演出，這次共演出八十四場，效果很好。一九六三年，越南訪華團來扶餘時，新城戲劇團為客人專場演出了《劉三姐》，受到客人的稱讚。他們還奔赴廣大農村進行演出。一九六四年，新城戲劇團開始致力於代表劇目的創作，排演了大型現代戲《戰風沙》，從劇本創作到排練演出均受到省、地領導、專家及文化部門的重視和關懷，曾多次受到獎勵。《戰風沙》先後到省城和白城地區各市、縣巡迴演出，吉林電視台轉播過《戰風沙》演出實況；中央新聞紀錄電影製片廠拍攝了《戰風沙》的片斷，在全國放映。此時新城戲已開始影響到全國。同時，還改編移植了《梁山伯與祝英台》《江姐》《紅梅記》等二十多個劇目，到一九六六年計演一五〇〇多場，觀眾達二百多萬人次。

「文革」期間，新城戲劇團改名為扶餘文工團，主要精力用於移植「樣板戲」，結果搞掉了新城戲的特點。粉碎「四人幫」後，新城戲劇團得以恢復，重新排練演出了過去保留的劇目，出現演出盛況空前的局面。一九八二年，新城戲誕生二十二週年之際，作為一個少數民族劇種，被列入《中國大百科全書〈戲劇卷〉》和《中國地方戲劇詞典》。

「文革」後，中青年演員茁壯成長，滿族新城戲爭豔怒放。劇團創作的《繡花女》，被評為全省劇本創作和演出二等獎，並搬上電視屏幕。一九八四年，他們創作演出的代表劇目《紅羅女》，參加文化部、國家民委聯合舉辦的全國少數民族戲曲錄像演出獲「孔雀杯」獎，一九八五年《紅羅女》劇本獲文化部頒發的「民族團結」獎。

▲ 滿族新城戲《鐵血女真》劇照

　　一九八四年十二月二一日，新城戲被文化部認定為滿族戲曲，由吉林省文化廳正式命名為「滿族新城戲」。

　　一九九一年十月二十三日，在全省首屆少數民族文藝調演中，扶餘滿族新城戲劇團的《薩滿舞》獲得一等獎。

　　一九九二年七月二日，扶餘滿族新城戲劇團創作的大型歷史故事劇《鐵血女真》代表東北三省參加文化部在淄博舉辦的「天下第一團」優秀劇目展演（北方片），被授予優秀劇目，並榮獲優秀表演、編劇、導演、音樂、美術等十三個獎項。同年九月，《鐵血女真》劇組應國家文化部和中央電視台之邀進京演出，中央電視台對該劇的演出進行了現場直播。

　　一九九三年，滿族新城戲《鐵血女真》在第三屆文華獎評比中，榮獲中國舞台藝術最高獎──文華獎第一名，並有九人獲戲曲組全部文華單項獎，男主角扮演者劉海波在榮獲文華表演獎的同時，又獲中國戲劇表演最高獎──梅花

獎。同年，《鐵血女真》榮獲中宣部精神文明建設「五個一工程」獎。編演滿族題材的新劇目《紅羅女》，在音樂、表演和服裝、化妝等方面進一步向滿族歌舞靠攏。幾十年來，滿族新城戲通過多部劇目編演的實踐，在表演程式上有了較大的豐富和發展，進一步突出了滿族新城戲的民族特點，初步形成了滿族戲曲的表演程式。

一九九九年十二月，扶餘縣滿族新城戲劇團和戲曲研究室整體上劃歸松原市，更名為「松原市滿族藝術劇院」。

二〇〇六年十月，經扶餘縣委、縣政府批准，正式組建「扶餘縣滿族藝術團」，使滿族新城戲在扶餘這塊生她、培育她的熱土上繼續發揚光大。

中共陶賴昭特支成立

一九三一年「九一八」事變後，日本侵略者占領了全東北，陶賴昭因其是中東鐵路線上的連接站而顯得格外重要。中共滿洲省委決定在地處第二松花江北岸的扶餘縣陶賴昭火車站建立陶賴昭特別支部，負責哈爾濱至長春之間的連繫，收發、傳遞黨的文件和信件，接送中央赴東北的過往同志，宣傳抗日救國方針和抗日民族統一戰線政策，組織發動群眾，祕密發展黨員，傳播革命火種。

中國共產黨滿洲省委於一九三二年一月（1932年春節前），派呂清潭到陶賴昭與在鐵路警察派駐所任巡長的地下黨員張義堂接續關係，兩個人互不認識，他們按組織上規定的聯絡暗號進行聯絡。張義堂利用其鐵路警長的特殊身分，到陶賴昭火車站盤查從哈爾濱方向來的，與在陶賴昭下車的身穿長袍、頭戴禮帽、商人打扮的旅客，用暗語溝通，一旦對上暗號，核實身分後再相機處理。春節前的一天，張義堂在車站出差口（檢票口）盤問一個剛下車的商人模樣的人，「老客，《國民手賬》拿來，檢查！」

商人一看他是警察，便哈腰致意，滿臉堆笑地說：「是，老總。」順手把手中的文明棍遞給張義堂。

張義堂用戴著白手套的右手一擋，「良民證你他媽的懂嗎？」

「我們哈拉濱那疙瘩還沒有往下放呢。」

「胡說！你拿拄棍（手杖）糊弄我，走！跟我到局子說清楚去！」

……

哈爾濱來的這位旅客就是特派員呂清潭。他向張義堂傳達了省委關於「祕密發展黨員，組建特別支部，迅速開展工作」的指示。張義堂接受命令後仍以鐵路巡警的公開職業做掩護，積極而又祕密地開展黨的地下工作，發展在鐵路警務部門工作的尹洪濱、魯世峰二人入黨。祕密報告給在三棵樹車站（今哈爾

濱東站）對面開旅館做掩護的呂清潭。一九三二年三月（春節後），省委特派員王立德到陶賴昭宣布陶賴昭特別支部成立，張義堂任書記，尹、魯二同志任委員。扶餘市歷史上第一個中共黨的組織在陶賴昭誕生，中共陶賴昭特別支部由中共滿洲省委直接領導。中共陶賴昭特別支部從一九三二年三月開始至一九三四年底，先後祕密在鐵路警察派駐所、陶賴昭警察署、鐵路各部門、地方郵政電訊等日偽要害部門發展警士單景春、宋萬慶、任家奎、李長海、劉忠書，鐵路警察吳慶德，鐵路工人周鳳桌、程振鐸、李山、孫繼林，郵局裏辦羅云生、郵差寧××和裴××，哈爾濱法政大學學生何傑飛（人稱何大學），私塾學生王志華，社會人員溫素珍（黃南坡，女）等十六人入黨。培養積極分子五十多名。截獲日本駐哈爾濱領事館的重要函件，以及日軍軍火、物資調運和兵力調遣等方面的重要情報，及時匯報給上級黨組織，為上級正確決策和打擊日本侵略者做了大量的工作。特支在陶賴昭鐵路和地方上發動群眾，宣傳抗日，在工農群眾中建立黨的外圍組織，發展會員三五〇多人，向周邊群眾宣傳抗日救國的道理，傳播革命火種，在抗日戰爭中發揮了其應有的作用。

一九三四年六月，張義堂調任中共大連市委書記，尹洪濱繼任特支書記。中共滿洲省委派張秉文（張瑞麟）負責同尹洪濱連繫。一九三六年一月，中共滿洲省委停止工作，陶賴昭特支接受中共哈爾濱特委直接領導。一九三七年四月，中共哈爾濱特委書記韓守魁被捕後叛變，向敵人供出了陶賴昭特支和特支書記尹洪濱的情況。日本特務對尹洪濱進行了「內查」和「審訊考察」。一九三八年二月，尹洪濱被祕密逮捕，後伺機逃脫，回到老家山東，特支其他黨員就地隱蔽。一九三九年一月，陶賴昭特支停止活動。

中共陶賴昭特支在日偽殘酷統治的白色恐怖下，堅持工作七年，領導當地人民群眾進行英勇抗日鬥爭，為抗日戰爭的勝利做出了貢獻。

扶餘為特等功臣梁士英塑像

　　梁士英，一九二二年出生在扶餘縣新城局鄉大梁家村一個貧苦的農民家庭，十三歲就給地主放牛，後來又當過長工；一九四六年一月參軍，在東北民主聯軍第二縱隊四師十五團三營機槍連當戰士；同年冬天，他光榮地加入了中國共產黨。

　　參軍後，梁士英在戰鬥中敢打敢沖，多次立功。一九四八年九月，他隨部隊南下北寧線，參加解放錦州的戰役，被派到尖刀連八連二排五班當戰鬥組長。在總攻發起前，他掏出身上僅有的兩塊銀元交給戰友，鄭重地說：「我要是犧牲了，這錢給我交黨費。」

　　一九四八年十月十四日上午，遼瀋戰役的錦州總攻戰鬥打響了。八連掃除外圍障礙後，迅速突破敵人第一道防線。梁士英首先登城，一個人用十幾顆手榴彈擊退了敵人一個連的反撲。當部隊向敵人第二道防線衝鋒時，緊靠鐵路旁的一座暗堡裡兩挺重機槍封鎖了部隊前進的道路，幾個爆破組上去都沒能把它摧毀掉。在這關鍵時刻，梁士英主動向連長請戰，得到批准後，他提起爆破筒，冒著槍林彈雨，艱難地爬行到敵堡下，將拉開導火索的爆破筒塞進碉堡裡，正當他轉身要撤離時，爆破筒又被敵人推了出來。這時，梁士英毫不猶豫地俯身上前，用自己的身軀死死地頂住了就要爆炸的爆破筒，像鋼澆鐵鑄一般佇立在碉堡口前巋然不動。隨著「轟」的一聲巨響，敵堡被炸燬，梁士英壯烈犧牲，年僅二十六歲。

　　遼瀋戰役結束後，梁士英被

▲ 新華社報導梁士英事蹟

授予「特等功臣」等光榮稱號，梁士英的名字被鐫刻在遼瀋戰役紀念館烈士名錄牆上。

梁士英捨身炸碉堡，為部隊開闢前進道路的英雄事蹟傳回家鄉，父老鄉親為之動容，三岔河街（當時稱十八區）黨委根據縣委指示，決定授予梁士英「人民功臣」錦旗一面，舉行隆重的授旗儀式。

授旗那一天，扶餘縣第十八區專門紮製一輛彩車，指定梁士英參軍前曾經在三岔河張家喇叭棚打過鼓（打工）的張家鼓樂班吹奏樂曲，一頭老牛拉著彩車，到烈士母親、弟弟租住的小院，給烈士舉行隆重的授旗儀式。英雄家所在十八區公安分局的人民警察、區中隊的戰士沿街站崗，維持秩序，相鄰的十六

▲ 梁士英捨身炸地堡遺址

區（石城區）的邢政委帶領區中隊的幹部戰士，十七區（陶賴昭區）呂白政委帶領區中隊的幹部戰士，前來助威。十八區的邢政委帶隊走在前面，十六區邢政委、十七區呂政委跟在兩旁，三個中隊的官兵跟在彩車的後面，在《擁軍秧歌》的樂曲聲中，緩步走向英雄的家。英雄的母親端坐在房門旁，像是在沉思、像是在等候參軍征戰多年的兒子今日歸來。戰士們在街路上列隊肅立，三岔河中隊的邱國臣、陶賴昭中隊的李樹樟兩位文書腰挎匣子槍，高擎著印有「人民功臣」鎦金大字的鮮紅錦旗，在樂隊演奏《左權將軍進行曲》（哀樂）中，正步走向禮儀桌，鄭重地把錦旗放在桌上，然後回到持槍肅立的戰士隊列前。

樂隊演奏樂曲結束，三位政委整理風紀，然後齊步走到桌前，立定，再整理風紀。挺胸抬頭，舉手向英雄的母親敬軍禮，邢政委高聲喊喝：「梁媽媽，我們是您的兒子──梁士英。」下面列隊的戰士齊聲高呼：「梁士英！」「梁士英！」邢政委繼續喊道：「兒子回家看媽媽啦。」戰士齊聲高喊：「看媽媽啦！」「看媽媽！」英雄母親從桌後由英雄的弟弟攙起，顫顫巍巍地抬手還禮。三位政委舉起錦旗，樂隊吹奏起《左權將軍進行曲》，把錦旗獻給英雄的母親。英雄母親接過錦旗，交給英雄的弟弟。英雄母親和邢政委親切握手。呂政委振臂高呼：「向梁士英學習！」「殺敵立功！」「給烈士報仇！向烈士致敬！保衛我們的江山！」全體戰士跟著高呼。口號聲此起彼伏，一浪高過一浪，周圍群眾也跟著喊了起來。邢政委講話，號召英雄故鄉的父老，分得土地的貧僱農，大力發展生產，積極支援前線的子弟兵，優待軍屬，解放全國，過上幸福生活。呂白致贊賀詞，稱讚梁士英烈士光榮，給家鄉人民爭了光，革命軍人要以梁士英為榜樣，衝鋒在先，建功立業，向兄弟十八區學習，優待軍人家屬，群眾要積極生產，大力支前，保衛勝利果實。儀式結束後，三岔河宣傳隊演出，開場就是根據《擁軍秧歌》改編的《梁士英小唱》，宣傳隊的演員扮成戰士、老鄉，邊舞邊唱：

　　正月裡來是新正，三岔河街道出了個梁士英。梁士英啊，他出身窮，一年四季打短工。

　　正月裡來是新春，家鄉來了（那個）八路軍。共產黨啊，八路軍，領導窮人鬧翻身。

　　正月裡來是新春，貧苦百姓過上了好日子。好日子，真開心，恨壞了地主老財們。

　　正月裡來是新春，地主老財勾結（那個）蔣匪軍。還鄉團，他殺人，保衛勝利果實要參軍。

　　正月裡來是新正，三岔河街道出了個梁士英。梁士英啊，他英勇，在前方

殺敵立大功。

正月裡來是新正，三岔河街道出了個梁士英。梁士英啊，手握爆破筒，攻打錦州建奇功。

正月裡來是新正，三岔河街道出了個梁士英。梁士英啊，他真英雄，攻打錦州他犧牲。

正月裡來是新正，三岔河街道出了個梁士英。梁士英啊，人人讚頌，人民江山萬年紅。人民江山萬年長，人民江山萬年紅。

秧歌角子唱起了二人轉，張家喇叭棚的樂手伴奏，整個活動一直持續到中午，人們才戀戀不捨地離開……

江山來之不易，人們永遠不會忘記那些為打江山，為今天的幸福生活而拋頭顱、灑鮮血的仁人志士、革命先烈。家鄉各級黨委、政府更沒有忘記引以為豪的特等功臣，先後把英雄居住過的三岔河東南街命名為士英街，為了教育子孫後代，把坐落在士英街的小學校命名為士英小學……

一九八八年十一月七日，在東北解放四十週年和梁士英烈士犧牲四十週年之際，梁士英烈士塑像揭幕儀式在三岔河鎮烈士陵園舉行。梁士英生前所在部隊原東北野戰軍第二縱隊司令員劉震、政委吳信泉，梁士英當年所在團政委陳紹昆等老首長，某集團軍副政委高殿成以及師、團的領導同志；時任中共吉林省委副書記谷長春，中共吉林省顧委主任張鳳岐，中共吉林省顧委常委、吉林省青運史工作委員會主任張李明等黨政領導；白城地委領導、扶餘市五個班子領導、市相關部門和三岔河鎮委、鎮政府的負責同志及梁士英烈士家屬等近六百人參加了揭幕式。

一九九五年，以扶餘籍戰鬥英雄梁士英烈士英雄事蹟為題材，由國防部長遲浩田題寫片名，中央電視台影視部、中共松原市委、松原市人民政府，中共扶餘區委、扶餘區人民政府，中國人民解放軍××部隊，八一電影製片廠電視部聯合攝製的電視劇《梁士英》，獲第十五屆全國優秀電視劇飛天獎二等獎。

二〇〇三年五月，扶餘縣烈士陵園移址新建。坐北朝南、莊嚴肅穆的新園占地面積三九〇〇〇多平方米，園內建有革命烈士紀念碑、梁士英烈士全身銅像、無名烈士紀念碑、烈士墓群和扶餘縣革命烈士紀念館。在革命烈士紀念碑、特等功臣梁士英全身銅像和無名烈士紀念碑前方，有一個碩大的廣場，便於瞻仰和舉行群眾悼念活動。

▌日新文友社成立

　　在松花江之濱，在扶餘文化的搖籃裡，活躍著這樣一群人。他們當中，有教師、農民、醫生、個體商戶，也有機關幹部、工人和社會愛心人士。他們當中，年齡最大的七十多歲，最小的十八歲，大都來自本市。近兩年，前郭、長嶺、寧江、通榆、雙陽等鄰近縣市區的文友也紛紛加入，更有湖南、江蘇、河北、浙江等外省文友被吸收進來。

　　日新文友社成立於一九八六年元旦，由劉永誌、隋世傑、馬殿友、薛信、石玉秋、郭海六人發起，現有文友八十三人。二十八年寒來暑往，這支隊伍用手中的筆採寫著新鮮事、感人事，採寫著扶餘的發展與文明。他們亦唱亦詠，不僅暢抒一己之豪情，其律其韻，亦為興化時政之鐘聲！他們以文會友，以文交友，自習自作，互賞互評，共同分享心情故事、散文隨筆和詩歌新作帶給他

▲ 日新文友社部分成員

▲ 日新文友社曾經走過的足跡

們的快樂與感動。二十世紀八〇年代中期，同期成立的民間文學社團有近三十個，遍布扶餘各個鄉鎮，只有日新文友社一直存續到今天，並且發展成為扶餘市內最活躍、成果最矚目的民間文學創作團體。

　　文友社以《以文會友》和《文友報》為載體，登載文友文學習作。已累計出版《以文會友》三五期，計五十萬字；出版《文友報》六百多期，四百多萬

▲ 刻版油印《文友報》

字。文友創作體裁多樣，有新體詩、古體詩詞、散文、小說、民間故事、楹聯和電視劇本等。多年來，文友們創作的千餘篇作品相繼在中央、省、市、縣各級各類報刊發表。文友的一篇篇文學作品，熱情地謳歌了農村實行家庭聯產承包、國家取消農業稅、直接給種糧農戶補貼、實行新型合作醫療制度等一系列強農惠農的政策，給農村帶來的翻天覆地的變化，見證了扶餘農業生產從數量型向質量效益型的飛躍發展，農民生活從貧窮到溫飽再到總體小康的歷史性跨越，農村面貌從落後到實現全面改觀的發展足跡。文友社先後開展文學、書畫、棋藝、旅遊採風等健康向上的文化藝術活動一百多次，在當地群眾中產生了廣泛的影響。

　　日新文友社的文友們，一邊辛勤勞作，為社會創造財富，一邊勤奮筆耕，謳歌振奮人心的新時代，他們是扶餘這片黑土地上的報春花。

第三章 ——

文化名人

扶餘地方江河環繞，地靈人傑。日夜流淌的松花江、拉林河，養育了黑土地上勤勞善良的各族人民。文化群星用他們的聰明才智、錦心繡口，唱出了扶餘文化的歷史讚歌。他們行進的足跡，印證著扶餘古往今來各業發展的輝煌。

文學界

北宋名臣——洪皓

　　洪皓（1088 年 - 1155 年），字光弼，鄱陽（今江西省樂平市峁山）洪源村人。生於北宋哲宗（趙煦）元祐三年（1088 年），卒於南宋高宗（趙構）紹興二十五年（1155 年）。洪皓自幼聰敏，飽讀經史。少時即以才識名重鄉里。徽宗（趙佶）政和五年（1115 年）登進士第。初任寧海縣主簿，宣和年間改任秀州司祿。在任期間，秀州連歲荒旱，飢民大增。宣和五年（1124 年），秀州大水，百姓流離失所，餓殍遍野，洪皓越職開倉賑濟災民，並冒負罪之險截留浙東綱米數船救濟百姓，民眾譽之為「洪佛子」。

　　靖康之變後，北宋亡，康王趙構繼帝位，立南宋。金兵再次南侵，朝野惶然。洪皓「位卑未敢忘憂國」，數次上疏朝廷，對抗金與議和問題提出積極建議。在愛國將領張浚等推薦下，高宗破格召見廷對。建炎二年（1128 年），經張浚等保舉，洪皓連升五級，擢為徽猷閣待制，假禮部尚書，拜為大金通問使，龔璹副之，奉詔出使金國。

▲ 新城戲《洪皓》劇照

　　出使途中，洪又奉旨招撫李成等部叛軍和群盜李閻羅、小張俊等部。

　　建炎三年(1129 年)，洪皓一行至金兵統帥宗翰（即粘罕）駐地揚州。宗翰以宋廷已有降書為由，勸洪皓降金，許以

高官，洪皓凜然回絕。宗翰怒，遣人將洪皓及副使押往太原關押。

　　一年以後，金冊封宋朝降官劉豫為「大齊皇帝」，都大名（後遷開封）。宗翰將關押太原的洪、龔二人解往開封，逼令事偽。洪皓表示：縱令一死，亦不願偷生於鼠狗間！宗翰遂令將二人流放冷山（今黑龍江省五常一帶）。北流途中，副使不堪其苦，返回開封投降偽齊。

　　冷山為金元帥右監軍完顏希尹（即悟室）領地。希尹將洪皓安置在離府邸不遠的一破陋土屋，並令其自謀生路。希尹早年隨太祖完顏旻起兵，屢有戰功，且善屬文，曾受命創製女真文字。其對洪氏學識甚為賞識，遂令子侄輩隨其讀書。洪皓雖囚居之人，但仍以傳播中原文化為己任。曾以樺皮為紙，親書《四書》以做教材，史稱「樺葉四書」。希尹敬其才幹，欲聘其為侍從官，洪皓正色回絕道：「皓本皇宋使臣，為和議而使金，雖被金邦無理囚押，但仍為堂堂宋官，豈能仕金！」洪皓心存家國，雖布衣素食而不失夙志。

　　洪皓不但通過教館傳播中原文化，還向當地女真人民傳授生產技術。他自力墾荒，起屋造房，為當地人做示範。很多穴居的女真民戶受其影響，紛紛走出洞穴，墾荒務農，飼養禽畜，造屋建宅。冷山地方經濟很快得以發展，成為塞北荒原上一較大集市。

　　洪皓流放期間，遍遊金國北方各地，所到之處，都深入考察，對金國北方山川地理、經濟物產、風土人情，以及金國歷史沿革、禮儀制度和軍國大事都作了詳細瞭解和記載。寧江州（今松原市區北伯都鄉一帶）距冷山較近，又是遼末金初時政治經濟軍事重鎮，係當年太祖起兵伐遼首克之都會，所以洪氏出遊考察，多次出入此地，並在其回國後編寫（據回憶口述尤其子記錄）《松漠紀聞》，其中著以較多筆墨記寫了寧江州一帶風土民情。

　　洪皓在金羈留期間，多次將金國統治集團上層動向寫成奏疏送回宋朝，建議宋廷可趁金上層不和將生內亂之機，興兵北伐。洪皓冒著極大的風險，曾九次派人向南宋送去金國的軍事情報。紹興十年（1140年），洪皓又寫機密奏章數萬言，交宋諜趙德帶回，主要談及金適力疲，擬棄燕山以南之地，宋可趁機

全力反攻，收復失地。當年冬，再送金人厭戰情報，勵宋軍乘勢北進，再造昔日繁榮。但趙構集團甘於偏安，無意復土，不但不採納洪皓建議，反而在屈辱求和方面愈走愈遠，終於出籠了再一次喪權辱國的《紹興和議》。

金臣宗翰死後，陳王希尹與權臣宗弼（兀朮）便已勢同水火。希尹為避禍蓄銳，密議將本部南遷燕京，並脅迫洪皓隨行。洪皓巧計脫身出遊。後希尹敗亡，洪皓因此未遭株連。

金熙宗完顏亶皇統三年（1143 年），得太子，大赦天下，洪皓亦在被拘十五年之後得以放歸。

紹興十三年（1143 年）七月，洪皓回到臨安，並晉見高宗於內殿，被留朝廷。九月，授徽猷閣直學士，提舉萬壽觀兼直學士院。洪皓疾惡如仇，在朝中每有譏刺權奸秦檜之舉，故不久便被罷官。初貶至饒州，繼又貶任濠州團練副使，並閒置英州達九年之久。

紹興二十五年（1155 年）十月，洪皓奉旨再徙袁州。途次南雄州罹疾暫駐，二十日病逝於南雄州，終年六十八歲。

洪皓去世次日，一代權奸秦檜病死。未久，朝廷下旨，為洪皓謚號「忠宣」，贈太師，封魏國公。洪氏家鄉為其立「洪忠宣公祠」，祠中明柱聯云：

身竄冷山，萬死竟回蘇武節；
魂依葛嶺，千秋長傍鄂王墳。

洪皓知識淵博，於「書無所不讀，雖食不釋卷」，不但精通經學、史學，也精通詩文辭賦。留金期間曾經寫下上千首詩詞，金人「爭抄誦求鋟梓」，後來大部分散佚。今《鄱陽集》所存數十首，皆清新樸實，含義深遠。洪皓又曾同張邵、朱弁寫詩唱和，集成《軒唱和集》三卷，今已不存。洪皓還「善琴弈」「能別三代彝器」，識書畫。洪皓博聞強識，詩文遺作有《文集》《春秋紀詠》《帝王紀要》《姓氏指南》《金國文具錄》等。拘留金地期間，他遍遊松漠大地，

寫下了大量詩詞作品，如《春秋紀詠》等，歸宋時恐於南歸有礙，俱焚之。南歸後，依記憶重寫，編成詩集《鄱陽集》二卷，詞集《鄱陽詞》一卷。其詩詞多抒發懷念故國、盼望南歸的愛國之情和不忘使命的胸懷，詩風柔婉清秀，兼具蒼涼特色。

文墨留芳的伯都訥巡檢——左宜

左宜（1780 年 - 1856 年），字子曙，號謙甫，生於安徽桐城，曾兩任伯都訥廳巡檢。其父係桐城派文人，拔貢生。初為塾師，後出仕，為山西潞安府教諭。左宜自幼接受文化薰陶，飽讀經史。嘉慶八年（1803 年），投親進京求仕，經薦引，入欽天監當天文生。嘉慶十年（1805 年），因其姐夫姚元之（書畫家，入仕後官至左都御使）中進士，授翰林院編修，左宜全家遷居中都。為習文備考方便，左宜於是年受僱翰林院，任供事（相當於僱員）。嘉慶十二年（1807 年），參加順天鄉試，因書論與時政不合落第。事後，左宜曾有詩作譏科場弊端：「樂地不逾名教外，人才都定笑談前」。秋闈不第後，出為國史館供事。在任十六年，方由國史館呈報吏部，轉為低級官員，派任伯都訥分防巡檢（州、縣地方長官之屬官，官階從九品，掌治安、河防）。道光四年（1824年）八月，左宜離京赴任，輾轉北上。九月到伯都訥新城就職。在任期間，因髮妻早歿，續娶伯都訥大窪錢氏，遂安家在新城。六年任滿。次年，由副都統保薦連任。巡檢官微祿薄，加以左宜為官清廉，只能節儉度日，常以豆腐佐食，助炊亦多用風箱燒乾馬糞，時人曾戲之謂「豆腐老爺、馬糞太太」。左宜在伯都訥任官近十年，頗得上司信任和下級擁戴。

道光十四年（1834 年）秋，左宜因染目疾，告病辭職回籍調養。道光十八年（1838 年），左宜病體稍瘥，報吏部申請復職。次年，諭吉林候缺。候缺 12年間，曾兩次任吉林鄉試同考官，並曾代理伊通河巡檢。道光二十八年（1848年），左宜代理伯都訥巡檢。道光二十九年（1849 年），得補原缺，於古稀之年，重任伯都訥巡檢。咸豐五年（1855 年），左宜辭巡檢職，以病老告歸。

左宜一生，宦海沉浮，公事之餘，惟嗜文墨，勤奮筆耕。善詩文，喜書法，有詩集《雲璈集》，收自作詩四百餘首，《燕台瑣聞》四冊，收記聞五百則，《東土記聞》五編，《伯都訥記事》和《崇古學舍記事》各一冊。這些文稿尤其後人保存，傳之數代。「文革」期間，其大多遺墨被毀棄，現僅存《燕台瑣聞》（記京都軼事）殘本。咸豐六年（1856 年）二月，左宜病逝家中，享年七十六歲。

《扶餘縣志》撰書第一人——張其軍

張其軍（1896 年 - ？），字步瀛，生於吉林省扶餘縣，青少年時就讀於新城府公立滿蒙文兩級小學堂。畢業後，他東渡日本留學，在東京法政大學專攻法律。歸國後，張其軍歷任吉林省法政專門學校教員、吉林交涉署諮議和吉林省會水上警察第三科科長、嗣後遞補省議員。

張其軍為人正直坦率，關心政治，體察民情。編纂《扶餘縣志》是他的夙願，早在日本留學期間，他便著手部分篇章的編寫。他希望通過縣志的編纂發行，「使縣人知縣內各種內幕，俾便急起直追從事改革」。他具體提出八項改革辦法，即「肅清匪患、擴充教育、監察官吏、改良警團、注重交通、獎勵農耕、保護工商、整理錢法」。

為編纂好扶餘縣地方的第一本縣志，並使志書達到「追溯既往之歷史」「促進將來之文明」的目的，他利用業餘時間廣泛查閱檔案，多方徵集資料，採訪鄉邦父老。從一九一九年開始，經過五年努力，終於一九二三年脫稿，經廣泛徵求意見後，一九二四年印行。當時吉林省省長王樹翰為該書題封，濱江道尹蔡運升等人分別為之撰寫了序文。

張其軍所撰寫的《扶餘縣志》，全一冊二五八頁，計約十六萬字，是自扶餘地方設制以來第一部地方史志。他開啟了扶餘人自己寫自己家鄉方志的先河，便於桑梓存史昭人，具有非同凡響、積極向上的歷史意義。

建國後某年（未詳），張其軍病逝於北京。

「左翼」作家──師田手

師田手（1911 年 - 1995 年），原名田質成，吉林省扶餘縣人。一九二〇年至一九三一年在扶餘縣讀小學、中學。他從中學時代開始閱讀魯迅的作品，並深受其影響，對文學產生興趣。他的經歷和千百萬個東北學生一樣，「九一八」事變後進關，從此做了流亡學生。一九三二年在北平弘達學院讀書時，就不斷將抗日救亡的文章寄回家鄉《共和報》副刊《火犁》上發表。

一九三三年師田手在上海參加了中國左翼作家聯盟，在何香凝、廖承志辦的《國難展覽會》工作一段後，一九三四年又回到了北平考取了北大，同時任北平左翼作家聯盟組長。一九三六年加入進步青年組織民族解放先鋒隊，並同黃華、陸平等一道投身「一二·九」革命運動。其後同夥伴們流亡南京，組織平津流亡同學會、青年寫作會。南京淪陷後，這個小團體的戰鬥成員分赴各個戰場。由於工作需要，一九三七年他到山西侯馬同蒲鐵路組織了工人運動，後又到武漢「民先」辦事處、河南青年部等部門工作。一九三八年三月在河南加入了中國共產黨，十月赴延安，在中央組織部訓練班學習工作了一段後，出任延安邊區文化協會黨支部書記、組織部秘書、三五九旅七一八團文藝工作隊秘書等職。

師田手對革命工作的愛，最終表現在寫作上，他永遠肩負著報導任務。從「九一八」事變起，直到解放戰爭勝利的每一個革命浪潮、每一個時代轉折，他都要求實踐，把親身感受寫出來，為了自己，也為了周圍的人和下一代。據不完全統計，幾十年來他在國內及香港報刊、雜誌上刊登的小說、散文、詩歌、報告文學、評論等文章就有二百餘篇。

抗戰勝利後，他隨西安幹部大隊赴東北，任《東北日報》記者。一九四六年，調任吉林省人民政府備糧工作隊秘書主任。一九四八年，任中共雙陽縣委常委、雙陽縣縣長。一九四九年以後，歷任吉林省文教委員會副主任、省文教廳長、教育廳長等職。

一九五三年，調任東北作家協會副主席、黨組副書記。作協任職期間，曾

兼任一年《文學叢刊》主編。師田手重新回到專業文學創作崗位，是在追求和實踐自己的一個理想和夙願，就是要創作出一部《軍墾南泥灣》的史詩來。當時他有三五年的時間在三五九旅深入生活，由始至終參加了軍墾南泥灣的大生產運動。他全心全意地投入進去了，他對王震將軍和三五九旅的每一個幹部戰士始終懷有深情厚誼。南泥灣墾荒的鎬頭聲、織布機的穿梭聲、戰士們鼓勁的口號聲始終在他耳邊迴響，鼓舞和促動著他在南泥灣的土地上繼續進行辛勤的筆耕和勞作。雖然晚年病重，不能把《軍墾南泥灣》全部完成，只發表了部分章節，但是他的《活躍在前列》等七十二篇小說和特寫，都盡情地歌頌了陝甘寧大生產運動中的英雄。他的小說《忘我的陳宗堯》不僅用濃墨刻畫了一個無限忠於黨和無產階級革命事業的英雄形象，還刻畫了王震同志對三五九旅的老部下那種高尚的革命情誼。

師田手的創作題材廣泛，體裁多樣。他筆下塑造的工人、農民、戰士、革命的知識分子和革命幹部的形象都有強烈的民族感和時代感，富有戰鬥氣息。無論在小說、詩歌、散文、報告文學還是兒童文學的創作中，他都以飽滿的政治熱情，歌頌黨，歌頌人民，歌頌偉大的祖國。自一九三三年他參加中國左翼作家聯盟起，五十多個春秋，從未停過筆，甚至在「四人幫」橫行的時候，他仍寫下了近五十萬字的兩個中篇《姑嫂斗》《中流砥柱》，短篇《巍巍步雲山》以及詩歌等作品，記錄了生活的激流。

師田手和其他老作家一樣，蒙受了極左路線之苦，特別是在「文革」期間，嘗盡了生活的辛酸，受盡了政治上的迫害。令人遺憾的是，他在打倒「四人幫」後第一次參加紀念「五二三」的文藝座談會上，由於過度激動在會場上病倒了，神志不清。從那一天起直到臨終一直失語、失認、失寫、失聽以致生活完全不能自理。一九九五年九月十六日，師田手在大連市與世長辭，享年八十四歲。

在紀念世界人民反法西斯戰爭和中國人民抗日戰爭勝利五十週年時，師田手的小說《大風雪裡》被選入《世界反法西斯文學書系》及《中國抗日戰爭短篇精粹》中。

追求光明與夢想的詩人——姚奔

姚奔（1919 年 - 1993 年），吉林省扶餘縣人，原名姚向之，改名姚正基。姚奔，是他開始寫詩後用的名字。

一九三一年「九一八」事變後，姚奔隨家流亡關內，一九三五年春，在北平知行補習學校學習，同年夏考入國立東北中山中學就讀。同年冬，爆發「一二·九」學生救亡運動，姚奔積極參加。一九三六年中山中學南遷，姚奔暫留北平讀書。

一九三九年春，姚奔冒著戰火，隻身長途跋涉，經陝西輾轉來到重慶北碚對岸嘉陵江畔東北升學補習班學習。在這裡，他與老同學李滿紅（原名陳墨痕）和趙蔚青重逢，學習之餘，姚奔經常與李滿紅切磋新詩的寫作。同年夏，姚奔考入復旦大學新聞系。在校期間，他同李滿紅和趙蔚青常去住在復旦附近黃桷樹秉莊的端木蕻良和蕭紅家中，與他們探討寫作問題。在復旦，姚奔的中文老師靳以發現姚奔詩文有才華，常在課堂上表揚他。二人往來也更加頻繁。姚奔寫的詩便經常發表在靳以主編的《國民公報》副刊《文群》和他以後主編的福建《現代文藝》上。

從二十世紀四〇年代起，姚奔開始從事進步文化活動，曾多方奔走募集基金，與詩人鄒荻帆共同創辦頗有影響的詩墾地社，出版了《詩墾地》叢刊及《國民公報》《詩墾地》副刊。當時姚奔交往較密的詩友有綠原、冀方和曾卓等人。一九四二年青年詩人李滿紅病故後，姚奔蒐集和編選了李滿紅的遺作，出版了他的詩集《紅燈》。此時的姚奔已是著名青年詩人，並列入東北作家群，當時他的代表作《黎明的林子》在青年詩歌愛好者中廣泛流傳。

一九四三年，姚奔大學畢業後，在重慶英文《自由西報》當編輯。抗戰勝利後，在重慶和上海英國駐華大使館新聞處工作。一九四四年出版姚奔兩本詩集《給愛花者》及《痛苦的十字》。《好人的歌》編入文化工作社詩歌叢書。

一九四六年春，姚奔加入中華全國文學工作者協會上海分會。同年，經閻寶航介紹，姚奔加入了東北建設協會，從事民主進步活動，在《文匯報》和

《大公報》上開始發表進步詩文。一九四七年，姚奔在上海和石嘯沖創辦新聞通訊社，姚奔任總編輯。

新中國成立後，姚奔寫過書評、編輯手記、雜文和作品分析二百餘篇，如《伯樂與「馬」》《鹿不是馬》《不說白不說》等，發表在上海《新民晚報》和《文匯報》上。有些雜文選入《上海雜文選》。姚奔的譯作主要有《拜倫愛情詩選》；譯詩收入《英詩金庫》《詩刊》《世界愛情詩薈萃》及《世界抒情詩選》等多種選本。姚奔還曾參加集體翻譯學術著作《亞洲巨人》《國際事務概覽：大戰前夕，1939》。

一九五七年，姚奔在巴金和靳以主編的文學刊物《收穫》任編輯，編發過李英儒的著名長篇小說《野火春風斗古城》，並寫了書評；編發了聞捷的長詩《動盪的年代》第一部《復仇的火焰》。

不久，姚奔調到《上海文學》《萌芽》編輯部任詩歌組組長。一九五八年，姚奔加入中國作家協會上海分會。在此期間，他培養和熱心輔導過不少文學青年作家。一九六二年，姚奔負責編選《靳以文集》。

一九七七年，姚奔在上海譯文出版社參加《英漢大詞典》編纂工作，任編委和社科組負責人，負責條目的學術譯名及釋義的審訂和人名定稿。在《英漢大詞典》編纂工作中，姚奔付出了後半生的心血。

姚奔在上海工作幾十年，結識了很多老作家，如巴金、羅蓀、杜宣、聞捷等，在「文革」期間，他們共同受過不少磨難。

一九八一年，曾卓、耿庸、冀方、羅洛、賈植芳和綠原等，曾齊集在他家小聚，那是一次值得紀念的聚會。東北老作家端木蕻良遠居北京，姚奔與端木時通書信。巴金患病住華東醫院，姚奔時常去看望巴金。一九九〇年盛夏姚奔出差來北京，因老友趙蔚青正在醫院護理病重的老伴，他不辭辛勞和酷暑，親往醫院去看望。這是最後一次難忘的會晤。一九九三年春，姚奔在病中還讓他愛人寄贈趙蔚青一冊他親自編的《英漢大詞典》。

一九九三年，姚奔病逝，享年七十四歲。

軍旅編劇——梁信

　　梁信（1926 年 -　），編劇，原名郭良信，吉林扶餘人，現居廣東省廣州市白雲區。小學肄業後當過學徒、雜工、售票員。一九四五年參加中國人民解放軍，曾任松江軍區獨立四師宣傳隊長，後在廣西擔任武工隊長、區委書記，參加過多次剿匪戰鬥。一九五三年畢業於中南部隊藝術學院，任中南軍區專業創作員，並發表了《我們的排長》《潁河兒女》兩個獨幕劇，一九五八年創作了電影文學劇本《紅色娘子軍》，一九六二年根據其長篇小說拍成電影《碧海丹心》，一九六二年調廣州部隊政治部創作組，一九七五年與人合作將話劇《南海長城》改編為電影劇本，並創作了電影劇本《特殊任務》。「文革」後創作了《從奴隸到將軍》（上、下集）《赤壁大戰》《主犯在你身邊》《紅姑寨恩仇記》等電影劇本。梁信的電影創作，堅持了現實主義傳統，在電影民族化、大眾化方面取得一定成績。他在《紅色娘子軍》中塑造的吳瓊花、洪常青，在《從奴隸到將軍》中塑造的羅霄等人物形象，豐滿生動、個性鮮明，具有濃郁的民族特色。梁信還寫過不少長短篇小說，如《龍虎風雲記》等。一九八三年，獲中國人民解放軍文藝獎和廣東省魯迅文藝獎。

▲ 梁信電影作品

詩撼文壇——李汝倫

　　李汝倫（1930年–2010年），吉林省扶餘縣人。中國作協會員，民盟成員，廣東中華詩詞學會常務副會長。

　　一九四六年開始發表作品。

　　一九四九年入東北大學文學院學習並開始文學創作。

　　一九五三年畢業於東北師範大學中文系。

　　一九五六年參加工作，歷任中學教師，市文委幹部，廣東作家協會文藝創作研究室副主任，雜文創作委員會副主任，中華詩詞學會副會長，《當代詩詞》主編，廣東省作家協會《作品》副主編、編審，廣東省作家協會理事。一九八二年加入中國作家協會。

　　一九五七年李汝倫被錯劃為「右派」。改革開放後，進入了他創作生涯最

▲ 李汝倫在《當代詩詞》創刊十周年慶祝大會上作報告

輝煌時期。一九八一年，創辦《當代詩詞》，在國內外產生了重要影響。同時，以兩年一本書的速度，相繼出版了《杜詩論稿》《種瓜得豆集》《性靈草》《和三個小猢猻對話》《紫玉簫集》《李汝倫作品選粹》《李汝倫雜文選粹》《蜂蝶無緣》《紫玉簫二集》《犁破荒原》《方人定評傳》《流年憶水》《李汝倫詩詞選》等多部力作，引起了國內外文壇震撼。

因成果豐厚，他曾兩次獲得廣東省「魯迅文學獎」。二〇〇八年八月，獲得國際炎黃文化研究會頒發的龍文化一等金獎；同年十二月二十日，獲得中華詩詞學會頒發的「中華詩詞終身成就獎」，這是建國以來頒發的詩詞創作的最高獎項，也是首次。

李汝倫的詩歌理論文章，主要收在《杜詩論稿》和《犁破荒原》這兩部書裡。《杜詩論稿》中的文章有五十多篇，其中《詩史‧詩聖‧人民詩人──關於〈李白與杜甫〉中對杜甫的評價》一文，是國內批判《李白與杜甫》這本書最早、最長的一篇文章，是不畏權勢仗義執言的代表之作。

在《犁破荒原》一書中，共有一百多篇文章，包括詩詞理論文章、講話、評論、賞析、序跋等。這些文章對詩歌形式進行了科學、理性、歷史的分析，曾一度震撼文壇。

二〇一〇年，李汝倫病逝於廣州，享年八十歲。

著作等身的民間文藝工作者——吳戰林

吳戰林（1932 年 - 2005 年），生於扶餘縣七家子鄉（今新源鎮）。中國民藝家協會會員，吉林省作家協會、民俗學會、雜文學會會員，曾任扶餘市民間文藝工作者協會副主席。一九四九年參加工作，先後任鄉村中小學教師、鄉政府助理員、縣政府科員，曾任《扶餘報》編輯、扶餘縣廣播站編輯。反右鬥爭中，吳戰林被錯劃為右派分子，回鄉參加勞動。一九七九年落實政策，吳戰林恢復名譽和公職，任扶餘縣廣播電視局責任編輯，參加過《扶餘廣播電視志》《扶餘縣志》和《扶餘縣地名志》的編纂。

吳戰林先後在《民間文學》《草原》《綠野》《詩人》《參花》《吉林日報》《吉林農民報》等多家報刊發表民間歌謠、民間故事、詩歌、散文等各類文章四百餘篇（首），約四十萬字，並多次獲獎。代表作有民間故事《玉鳳山》《金珠寶城》，詩歌《落葉的沉思》，散文《人到老年》等。民間傳說《扶餘國的傳說》等被收入《中國民間故事集成·吉林卷》。曾結集出版建國後本地區第一部詩集《歌唱新農村》（與王久昆合作）。其代表作品《滿族歌謠》曾獲吉林省民間文學「關東三寶」獎。

吳戰林熱心對文學青年的幫助與扶持，為扶餘地方培養了一大批文學骨幹人才，得到了後人的一致讚譽。其業績被載入《中國現代文藝人才大集》《中國當代文學藝術新聞人才傳集》。

二〇〇五年，吳戰林病逝，享年七十三歲。

▲ 著名作家上官纓（左）與吳戰林二〇〇五年（右）合影

評書名家──于廷仕

于廷仕（1932 年 - 2012 年），出生於吉林省榆樹縣秀水區大於屯一戶農民家庭。其父常年在外地教書，其從小就同祖母、母親在一起，七八歲時就跟隨大人學幹農活。于廷仕幼時即渴望讀書學習，空閒時就自學文化。後來家庭經濟狀況稍有好轉，他正式進入榆樹西關小學讀書。讀書期間，他每到假期就上山打柴，把自己開學後日常家用柴草備足。東北光復後，時局混亂，學校暫時停辦，于廷仕離校回家務農，並堅持自學。

一九五〇年，于廷仕考入榆樹師範學校，繼續學業。

一九五二年七月畢業，分配到扶餘縣三岔河中心小學任教，先後任教師、事務主任。于廷仕從此定居扶餘縣，扶餘成為他的第二故鄉。

一九五六年秋，于廷仕調扶餘縣工會，先後任幹事、俱樂部主任、合作工會副主席。一九六二年調縣文化館任館員，後兼任縣文聯秘書。

一九七八年十月，調吉林省《參花》雜誌任編輯，後取得學術職稱副編審。一九八三年加入中國共產黨。

于廷仕喜歡文學，在大量地閱讀古今中外文學作品的同時，也經常練習寫作。一九五四年在某國家級刊物上發表處女作快板書《一對大西瓜》。此後，開始了他一生為之努力的文學創作生涯，走上文學創作之路。幾十年裡，于廷仕筆耕不輟，創作了大量的小說、曲藝作品。其中主要作品有：唱片新編歷史小說《金鞭記》《宮廷戮殺》，長篇評書《夜打登州》，偵探小說集《夢斷白樓》《少女設下的陷阱》，中篇說唱《梅花案》，二人轉《買嫁妝》等。

因創作成果豐厚，于廷仕曾被多家國家級、省級文學藝術團體吸收為成員，曾任中國大眾文學協會會員、吉林省作家協會會員、吉林省民俗學會會員、二人轉藝術家協會會員。

一九九五年一月，于廷仕退休，但仍未放棄文學創作。

二〇一二年二月十二日，于廷仕因病在長春逝世，享年八十歲。

「故事大王」──郭鳳山

郭鳳山（1936 年-　　），吉林扶餘人。從二十世紀六十年代開始，郭鳳山蒐集整理民間故事五百多篇，民歌、民謠三百餘首。先後有三百餘篇（首）民間故事、民歌、民謠發表在多家報刊上，其中五十多篇民間故事入編《民俗趣談》《東北動物故事選》《吉林故事卷》等書。一九八二年郭鳳山被吉林省文化廳授予「吉林省業餘文藝創作積極分子」稱號。民間故事《聰明的李大嫂》《老鷹嘴》在一九八三年、一九八六年分別獲三等獎和「關東三寶」獎。在民間三套集成工作中，郭鳳山成績顯著，受到吉林省民委、文化廳等單位的表彰獎勵。一九九八年扶餘縣文聯聘其為扶餘縣民間文學研究會主席，松原市文化局授予其「民間藝術家」稱號。傳略載入《當代民間名人大辭典》《中國當代藝術人才傳略》《世界名人錄·中國卷》等辭書，並被推選為吉林省民間文藝家協會會員、松原市民間文藝家協會名譽理事。同年，在中國扶貧委員會、中央人民廣播電台、《農民日報》社等單位舉辦的萬村書庫、全國農民讀書徵文活動中，他寫的《讀書圓我成才夢》和《圓我故事大王夢》分別榮獲徵文一等獎。二〇一〇年十一月五日，獲文化部第七屆中國文化藝術政府獎「文華獎」最佳成就獎。二〇一一年二月二十八日，世界科學組織聯合會、中國文化藝術家協會授予他「世紀德藝雙馨藝術家」稱號。二〇一二年六月，中國文化藝術家聯合會授予他「國寶藝術家」稱號。二〇一二出版發行了《滿族民俗民謠與傳說》一書，為滿族民間文化的傳承與弘揚做出了重要貢獻。

▲ 郭鳳山曾獲獎項

扶餘文化研究的領軍人物——王昭全

　　王昭全（1945年-　），生於扶餘。現任省作協會員、省散文學會會員、省楹聯協會會員，松原市作家協會顧問、松原詩社理事、松原市民間文藝家協會名譽理事、松原市楹聯協會理事，松原市黨史學會副會長、松原市地方志學會理事，松原文化研究會研究員、松原市遼金文化研究會理事，寧江區伯都訥文化研究會副會長、扶餘文化研究會名譽會長。一九八五年任《扶餘縣志》副主編，在參與編纂《扶餘縣志》工作中，開始了對蕭振瀛的人物研究。先後編撰短篇人物傳略《蕭振瀛》、省地方志季刊《方志研究》連載的中篇人物傳記《蕭振瀛將軍傳》。在此前後，曾先後創作《柳八爺傳奇》《抗聯戰士張瑞麟》等多篇人物傳記作品；曾參與編纂《扶餘青年運動》（22萬字，副主編）、《中共扶餘縣組織史資料》（30萬字，編審）等史料專著。退休後，受聘於松原市關工委（任副秘書長）。此期間，與張蘊先生合作創作完成了六十萬字的長篇傳記文學《蕭振瀛傳》。二〇〇四年，由松原市黨史學會籌劃公開出版；之後，又由傳主蕭振瀛之子美籍華人蕭朝智先生籌資，先後出版了《蕭振瀛傳》精編版和第二版。與此同時，他先後參與了《托起明天的太陽（1-4）》等工作文集的編纂；完成了《伯都訥史話與傳說》《伯都訥風俗民情》《松原紅色記憶》（副主編）《松原文化述略》（特邀執筆）、《伯都訥滿族文化概論》（統稿）等地域文化研究專著。其史志方面的成果主要有《崛起的新城——松原建市十週年回眸》及《中共松原歷史》第一卷、第二卷（特邀編輯）等史料專著；參與編纂的地方志書先後有《扶餘縣地理志》（副主編）、《扶餘縣志》（副主編）、《松原市土地志》（特邀副主編）、《松原市志》（特邀編輯）、《松原市寧江區志》（特邀副主編）、《松原市中心醫院院志》（特邀編輯）等。其代表作《蕭振瀛傳》曾獲松原市首屆「查干湖文學獎」一等獎；其本人曾獲「松原市第二屆哈達山文藝獎·成就獎」、松原市「弘揚遼金歷史文化突出貢獻獎」。

高句麗歷史與考古研究者——耿鐵華

耿鐵華（1947 年 - ），生於吉林省扶餘縣，一九七五年吉林師範大學歷史系畢業，一九八一年東北師範大學歷史系先秦史專業研究生畢業。現任通化師範學院高句麗研究院院長、教授，吉林省社會科學高句麗重點研究基地主任，吉林省高校人文社會科學重點研究基地主任，東北師範大學博士生導師，東北師範大學、吉林師範大學碩士生導師。中國先秦史學會會員、中國朝鮮史學會常務理事。

耿鐵華曾先後出版《中國高句麗史》《高句麗史論稿》《高句麗考古研究》《好太王碑一千五百八十年祭》《好太王碑新考》《高句麗史籍匯要》《中國學者高句麗研究文獻敘錄》《高句麗歷史與文化》《高句麗歷史與文化研究》《高句麗歸屬問題研究》等二十多部史料研究專著。在國際、國內發表了《中國文明起源的考古學研究》《先秦時期的宦官》《應監考釋》《監國製度考》《好太王碑無完整搨本》等論文一二〇多篇。主持並完成國家和省級科研項目九項。《高句麗古墓壁畫研究》獲吉林省第八屆社會科學優秀成果獎著作類一等獎，《中國高句麗史》獲吉林省政府圖書出版一等獎、吉林省哲學社會科學著作二等獎、長白山優秀圖書一等獎。

▲ 耿鐵華代表作品

從漁民到編劇──何慶魁

何慶魁（1948 年-　），吉林扶餘人，國家一級編劇。二十世紀六〇年代，在吉林省軍區宣傳隊擔任骨幹，創作表演反映連隊生活的曲藝作品。一九六九年退役，回到扶餘縣四馬架鄉大孤家子村務農並從事曲藝作品的創作與摸索，積累了大量的生活與創作素材。何慶魁曾經是松花江上的一名漁民，後來任吉林省遼源市東遼縣文化局創作室專職編劇，一九九二年辭職。

一九九〇年，他正式開始了小品和影視劇創作。主要作品有小品《包袱》《密碼》《紅高粱模特隊》《柳暗花明》《拜年》《將心比心》《昨天、今天、明天》《鐘點工》等；參與製作過的電影、電視劇有《男婦女主任》《聖水湖畔》等。小品《賣拐》《賣車》《心病》《送水》等曾獲中央電視台春節聯歡晚會一等獎。

▲ 何慶魁做客《藝術人生》

詩詞歌賦任從容──劉燕

劉燕（1949 年 -　），出生於吉林省長春市。曾任扶餘市委宣傳部副部長，扶餘區文化局局長，松原市文化局副局長、正處級調研員。吉林省勞動模範。松原市政府首屆「哈達山文藝獎·特殊貢獻獎」、松原「弘揚遼金歷史文化突出貢獻獎」獲得者。現任松原市規劃展覽館文化顧問、中國楹聯家學會會員、吉林省楹聯家學會理事、吉林省作家協會會員。

劉燕從一九八五年開始，在《詩人》《白城日報》《戲劇文學》《松原日報》《松花江雜誌》《吉林日報》等報刊上發表了數百篇（首）文學、戲曲作品。一九九二年劇本《鬧婚》獲文化部第三屆「群星獎」銅牌，有三個劇本連續獲全省匯演創作一等獎。

為電視連續劇《聖水湖畔》創作片尾歌《喚醒》（該劇獲「五個一工程」獎）。創作了幾十首讚美家鄉的歌曲，如電視專題片《中國松原》《崛起的新城》主題歌，曾廣為傳唱。

一九九二年，她主持策劃、創作生產的大型歷史故事劇《鐵血女真》曾轟動中國劇壇，一舉摘獲中宣部「五個一工程」獎、文化部文華大獎、戲劇梅花獎等三項中國舞台藝術最高獎項，獲評首屆松原市勞動模範。

二〇一〇年，她促成了電影《大金始祖》的拍攝，開創了松原建市以來電影拍攝之先河，此片填補了中國電影界遼金題材影片的空白。

▲ 電影《大金始祖》新聞發布會暨開機儀式

鄉土作家──任樹理

任樹理（1957年- ），曾用名任書禮，筆名理由。生於吉林省扶餘縣。著名詩人、作家。吉林省作家協會會員，松原市作家協會副主席，松原詩社理事，松原市書法家協會會員，扶餘市作家協會主席，扶餘文化研究會副會長。著有《任樹理詩集》《情絲雨》。詩歌《九子之歌》獲松原市建市十週年文學大獎賽二等獎；《縛獸圖》《誰人》《嘆春》《白頭山》等作品，相繼在全國「相約1998蓓蕾杯」詩歌散文大獎賽、全國「古風杯」文學大獎賽、「華夏作家網杯」文學大獎賽、山水情懷全國電視詩歌創作大賽中獲獎，並被收錄於各類叢書及作品集。亦長於書法，

▲ 微電影《凸凹》

書法作品多次參加各類展覽，併入編《國際現代書法集》《松原市書法作品集》。其詩歌把藝術與自然和諧地融為一體，以情為主線，立足鄉土，透視心靈，飽含真情，實現了詩歌的意境美、語言美、節奏美的有機統一；緊扣時代主旋律，熱情似火，溫潤如歌，表達了對人生、生活、事業、家鄉及祖國大好河山的無限熱愛；語言樸素，平中見奇，在無意的平民情結語言流淌中，卻不乏絕響。

二〇一二年，任樹理開始涉足影視劇本創作，創作的電影劇本《甕泉山的迴響》，二〇一二年三月經國家廣電總局備案公示，並批准拍攝。二〇一三年創作的微電影劇本《凸凹》被吉林電視台選用並拍攝，二〇一四年二月在吉林衛視播出。

扶餘青年小說作家——孫兆貴

孫兆貴（1965 年 -　），大學文化。出生於扶餘縣伯都公社新安大隊（今寧江區伯都鄉境內），曾任伯都鄉文化站站長，後調到扶餘縣戲劇創編室工作，任創編室主任兼縣文化館副館長。吉林省作家協會會員、省民間文藝家協會會員、松原市戲曲家協會理事。

經過多年的努力，孫兆貴在文學的道路上取得了可喜的成就。他相繼在《當代小說》《四川文學》《天池小小說》《小小說‧大世界》《小小說月刊》《雜文月刊》和《民間文學》《民間故事》《民間傳奇故事》《新聊齋》等國內多家刊物上發表了小說、故事多篇。其中小說《丫丫》在一九九四年榮獲全國「蝮龍杯」文學大獎賽二等獎（一等獎空缺）；小說《獒》在一九九九年榮獲「大紅鷹杯」全國文學大賽優秀獎；小說《烏龍駒》在二〇〇二年榮獲「三峽杯」全國文學大獎賽佳作獎。小說《上城》被《小小說選刊》轉載；小說《棋魔》被《傳記‧傳奇》和《文摘旬刊》轉載。小說《城裡回來的阿香》在《天池小小說》上發表後，被《讀者‧鄉土文人》轉載。

他還為少年兒童精心創作了大量童話故事（已結集，待出版）和二十集電視系列劇一部，並創作出了可供劇團演出的舞台劇本多部。其中，話劇小品《家裡沒人》榮獲吉林省第三屆二人轉‧戲劇小品藝術大賽編劇二等獎，小品《狹路相逢》榮獲吉林省第四屆二人轉‧戲劇小品藝術大賽編劇一等獎和演出劇目一等獎。小品《江邊軼事》榮獲吉林省第五屆二人轉‧戲劇小品藝術大賽編劇三等獎。

「父親教育」和「快樂教育」的倡導者——范景宇

范景宇（1966 年 -　），筆名東子，生於扶餘。教育專家、心理專家、暢銷書作家，「父親教育」和「快樂教育」的積極倡導者和踐行者，2009 年中國十大最具影響力的家教作家之一。

1982 年 9 月，輟學務農。1983 年 3 月起，先後在黑龍江省雙鴨山市嶺東區，從事擺地攤賣菜、井下採煤、建築力工等工作。1984 年 11 月，參軍到遼寧省大連市。其間，自學了初高中文科的相關課程，並參加了軍報舉辦的新聞寫作和新聞攝影學習。1988 年 9 月，創辦吉林省松原市扶餘市信息開發部，並先後主編《信息快訊》《新城信息報》。1989 年 4 月，參加吉林大學中文系新聞大專班自學考試學習，其間創辦擁有二百多文學愛好者的黑土文學社，出版《黑土文學報》。1992 年 3 月，應聘到《海南青年報》，先後任編輯、記者、「東子心理熱線」主持人、社會文化部主任。1994 年 9 月，破格入陝西師範大學心理系碩士學位課程進修班學習，師從著名心理學家歐陽倫教授。1996 年 9 月，任陝西省公關協會院校工作委員會主任委員，並兼任陝西省大學生公關禮儀隊指導老師和《校園公關報》主編；同時，應邀為西安人民廣播電台主持「東子心理諮詢」節目。其間，先後兩次率領大學生穿越沙漠。1999 年 8 月，任《浙江青年報》（現為《青年時報》）東子心理熱線工作室主任、「東子心理熱線」電話和專欄主持人。同時，任浙江人民廣播電台「東子心理熱線」節目主持人。

2000 年 1 月，出版中國第一套心理諮詢手記叢書——《打開心窗》《真愛無阻》《親子天空》。2000 年 8 月，加盟《城市晚報》，任「東子心理熱線」電話和專欄主持人。2003 年 4 月，創辦吉林省首家專業心理諮詢機構——長春東子心理諮詢事務所。2009 年 8 月至 2011 年 8 月，在家鄉建造小型莊園——東園（扶餘東園）。2013 年 1 月，出任「中國『好爸爸家庭計劃』公益項目」形象代言人。2013 年 12 月，代表作品《做父親的幸福》和《好爸爸勝過好老師》，在越南用越南語出版。

自一九八六年十二月以筆名東子發表第一篇文章以來，截至二〇一三年十二月，在國內二三〇多家媒體發表新聞、散文、雜文、論文、紀實文學、心理案例、口述實錄等不同文體文章三七〇〇多篇，出版著作三十多部，文字總量一一〇〇多萬字。出版有《家教兵法》《獎罰分明，孩子更出色》《發現父親》《求求你，表揚我》《家有中等生》《別讓孩子成了「心理孤兒」》《中國母親教育批判》《城市午夜》《為自己喝采》《心靈後花園》等教育、心理、婚戀、勵志著作三十餘部，作品遠銷海內外，累計售量超過一百二十萬冊。

　　范景宇現任中國教育學會家庭教育委員會理事、中國國際文藝家協會理事、團中央青少年研究人才庫專家、全國婦聯家庭教育專家團專家、亞洲父親參與促進中心父親參與指導委員會委員、中國父親參與質量問題研究課題組專家成員等職。

▲ 東子代表作品

書畫界

清末民初著名書法家——郝文濂

郝文濂（1875年-1940年），字孟溪，生於伯都訥廳五家站（今扶餘市五家站鎮）。自幼好學，擅書法，楷、行皆長，尤擅爨龍顏楷書，是扶餘地方清末民初時期著名書法家。

郝文濂曾為附生（附，學生員的簡稱，清代凡童生入學者皆稱附生，即秀才），後考入吉林師範學堂就讀。清宣統三年（1911年）畢業。1912年，郝文濂任新城府高等小學堂校長。次年，被推為縣教育會長；同年7月，任縣勸學所所長。1915年，任扶餘中學史地教員，同年7月，改委扶餘縣視學。是年，郝文濂曾隨縣長孔憲熙視察縣境，發現並參與整理「大金得勝陀頌」碑。曾為孔撰「識文碑」書丹。郝曾自撰「建修得勝陀碑亭序」一篇，收在張其軍本《扶餘縣志》中。1918年，郝文濂先後調任琿春、汪清兩縣教育局視學。1921年，調回扶餘，任扶餘縣勸學所所長。1924年郝文濂解職後，專攻書法。其書法功力深厚，結構布局嚴謹，筆勢豐滿流暢。縣內店鋪、學府等匾額多為郝氏題寫。

1940年，郝文濂病逝於扶餘，終年六十五歲。

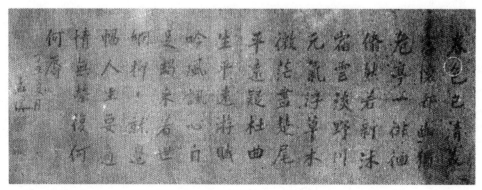

▲ 郝文濂書法作品

著名民間畫師——百森

▲ 百森作品

百森（1890 年 - 1993 年），滿族，正藍旗人，滿姓唐古哈拉，滿名豐隆阿。清光緒十六年（1890 年）生於伯都訥新城（今寧江區）。百森習畫，先是自學，多摹書畫如《芥子園畫譜》《點石齋》《八大山人畫冊》和顏、柳、歐、蘇等名人碑帖。由於他不倦地刻苦自學，書法繪畫的技法也越來越成熟。每逢春節他畫的年畫和紮製的各樣風箏等都很受群眾的歡迎。

二十歲時，師從陸化國又學會了佛像雕塑、繪製壁畫、描金粉彩等全面的廟宇裝飾技術。此後，他在書畫、雕塑方面在伯都訥地方名氣越來越大，成為地方著名民間畫師。

新中國成立後，百森的技藝和成就得到人們的認可，並被選為縣政協委員。其繪畫作品多次參加過省、地、縣級展覽，並不乏獲獎作品。

二十世紀五〇年代初，百森與扶餘籍當代著名畫家王慶淮相識，並結為至交，經常切磋繪畫技藝。對百森來說，其繪畫後來之所以能形成北方畫派風格，是同受王慶淮「關東畫派」的影響分不開的。

一九五八年，百森的雕塑作品《降龍》參加了東北三省聯展，受到好評。一九六〇年春，吉林省召開老藝人座談會，百森以民間著名畫師的身分應邀參加。這次盛會群英薈萃，百森已年近古稀，處處受到尊敬。

百森從二十歲起從事民間藝術活動八十餘年，在艱苦辛勤的藝術實踐中，在繼承傳統藝術優秀技法的基礎上，又多有創新，形成了民間藝術北派的風格。

百森的繪畫，長於山水花鳥。在技法上擅用工筆兼小寫意，用墨的「五色」焦、濃、墨、淡、淺來表現作品。在繼承傳統的雕塑技藝上，他不墨守成規，並有所發展和創新，講究人物造型的形神兼備，不落俗套，造型古樸，典雅莊重，已形成獨特的藝術風格。

百森頗具書法功力，以顏體為本，兼收各家之長，擅寫顏體楷書大字，尤以牌匾斗方大字為上。其字圓潤渾厚，雄健有力。他還很喜歡隸書，在書法中非常注重章法的嚴謹、書畫的題跋，落款多用隸書。其書法楷隸兼工，但很少用大草和行書。

百森所做的民間工藝品，技藝也非常高超。他製作的龍燈、獅子、竹馬，姿態各異，栩栩如生；紮製的風箏花樣繁多，在保持傳統風箏造型模式基礎上獨出心裁，刻意創新。二十世紀八〇年代，在縣裡舉辦的春節風箏賽會中，他紮製的長三十米、二十五節的「龍頭蜈蚣」獲特等獎，其放飛錄像曾在電視裡多次播放。

百森的晚年生活很有規律，百餘歲後，頭腦仍然清醒，堅持早睡早起，一日之內，除散步、澆花、蒔弄果樹外，時而寫點字，畫幾筆畫。

一九九三年一月，無疾而終，壽享一〇三歲。

民間工藝美術畫師——于泰環

于泰環（1905 年 - 1985 年），字景洲，扶餘人，是扶餘縣東部著名民間工藝美術畫師，曾投師著名民間畫師國樹春門下學藝，繼承了民間傳統工藝繪畫和廟宇神像泥塑技巧。

于泰環所習民間傳統工藝門類頗廣，凡廟宇寺院建築中的泥塑佛像、粉刷金身、雕梁畫棟、描金繪彩，以及廟壁上的各種壁畫如「十八層地獄」「十殿閻羅」「二十四孝」「八仙過海」「三國故事」等等，所繪形象各異，逼真傳神，技藝高超，遠近馳名。扶餘境內的團山廟、萬發普善堂及吉林北山上的幾座廟宇建築，皆有于泰環的雕刀妙筆傳神佳作。

康熙年間修築的規模宏偉的石頭城子「南大寺」中的諸多壁畫，因年代久遠，幾經剝落，也幾經描摹，最終一次壁畫復繪即出自于泰環之筆。如關老爺殿中所繪之「桃園三結義」「三顧茅廬」「過五關斬六將」「單騎赴會」等壁畫，均不失為民間傳統佳作。

新中國成立後，他將所習泥塑金身、雕梁畫棟之技轉為實用工藝美術，為商店畫牌匾，為飯店畫單間屏風，為鏡鋪畫玻璃等。因畫藝高超，多有美術愛好者拜師求藝，他先後收徒六七人。二十世紀五〇年代末期文化館美術輔導幹部李宗和就是他的高徒之一。

于泰環為人忠厚老實，與人和善，樸實無華，生活素淡，過世前不久仍端坐案前，執筆不停。

一九八五年，于泰環病逝於扶餘縣三岔河鎮，享年八十歲。

關東畫家——王慶淮

　　王慶淮（1909 年 - 1982 年），生於新城府東部大十五號屯（今屬扶餘市肖家鄉）農民家庭。他九歲入鄉塾就讀，曾蒙塾師餽贈《芥子園畫傳》。讀書之餘，兼習作畫。一九二五年，他考入奉天美術學校。一九二七年，考入北平京華美專國畫系學習。一九二九年，考入國立北平大學藝術學院國畫系專攻山水花鳥，兼習人物。在親傳業師齊白石和諸位名師指導下，他習畫勁頭更足，每遇真作，都廢寢忘食臨摹學習。他一反清人泥古，推崇宋代畫家刻意寫實重神似的畫風，常去故宮臨摹宋代畫家范寬的《谿山行旅圖》真跡，有時也趁假日去西山寫生。日積月累，鑄就了深厚的傳統畫功底。齊白石大師曾對他的作品給予超常的評價。一九三三年，他被推薦為中國畫學研究會會員。

　　一九三五年，華北危機時刻，王慶淮在京師藝院畢業回到家鄉。時值東北淪陷時期，他一腔憂憤，拒不出仕，寧以賣畫為生，不為日偽統治者所用，生活甚為清苦。

　　三岔河於一九四五年末建中學，聘王慶淮為美術教師。一九五一年後，先後在三岔河文化館、扶餘一中、扶餘師範、扶餘四中等學校任美術教師。一九五八年九月，他調吉林省藝術學院，先後任講師、教授、美術系中國畫教研室主任、美術系副主任和院學術委員會副主任等職務，還被選為吉林省人大代表、省文聯委員、中國美術家協會理事、吉林分會主席。在培養新一代藝術人才的實踐中，他

▲ 王慶淮繪畫作品《楓落一溪秋》

▲ 王慶淮繪畫作品《臨清流而賦詩》

積累了豐富的教學經驗，逐漸形成了有自己特點的教學體系。他致力於用傳統繪畫形式反映現實生活，形成了具有「關東氣派」的藝術風格。連環畫《模範老社員》獲全國美展一等獎；山水畫《松花江煙雨》《雪後的松花江》獲全省美展一等獎，《天池飛瀑》《松鶴》等先後在美、英等一四國展出；其力作《林海朝暉》在全國展出後，引起美術界重視，多次以單幅形式公開出版，還繪製成巨幅懸掛在人民大會堂吉林廳內，並復繪多幅在中國駐外使館陳列。

一九八二年八月二十六日，北京人民美術出版社出版了《王慶淮畫輯》，由宋振庭題詞，內收其代表作品十三幅。王慶淮的繪畫理論遺著很多，主要有《中國畫概要》《中國山水畫發展的淵源及其演變過程》《山水畫》《論荊、關、董、巨四大家的異同》《壁畫淺談》等。在中日兩國共同編輯出版的《中國現代美術家人名鑑》中，王慶淮被列入首篇。

一九八二年七月六日，王慶淮因病醫治無效，逝於長春，享年七十三歲。

民間工藝美術家——鄭武

鄭武（1933年-2014年），藝名正午，生於吉林省扶餘縣。現為吉林省美術家協會會員、松原國畫會會長、扶餘市美術家協會名譽主席。

鄭武於一九八一年創辦百花美術社；一九八三年至二〇〇〇年期間臨摹了大型壁畫《永樂宮》《朝元圖》《扶餘國的傳說》《鰉魚貢》《拉林河的傳說》《巴爾達建新城》《糊塗李救災》；二〇〇〇年九月版畫《林海放歌大江東》收入《今日中國美術‧資料卷》。二〇〇一年五月移居青島，進行剪紙創作。作品《啤酒節吉祥物》《喜慶豐收》獲「膠州灣杯」中國剪紙大賽金獎。在青島市「迎奧運、愛青島」百人藝術大賽中，獲市級民間藝術大師稱號。作品《青島風光》一套裝訂成冊作為高級禮品贈送國內外友人。二〇〇六年八月青島市民俗博物館、青島市民俗學會出版《中國青島風光剪紙畫集》。

二〇〇五年移居北京，創作《北京風光》《世界風光》《新農村韓村河》等剪紙作品五百餘件。同年四月作品《麒麟送子》獲紀念安徒生誕辰二百週年中國剪紙藝術大賽優勝獎；《盛世年豐》獲中國第二屆農民畫展三等獎；二〇〇七年八月作品《喜慶豐收》獲中央電視台七套「描繪新農村」全國美術作品巡展三等獎。二〇〇七年剪紙作品在北京地壇公園展出。二〇〇八年《飛向北京》大幅剪紙作品發表在《京郊日報》上。二〇〇八年一月二十日搬回松原，繼續藝術創作。二〇〇八年五月松原電視台為鄭武夫婦做了一期「對話」節目。二〇一〇年二月剪紙作品《嫦娥奔月圖》獲吉林省「迎新春」春聯、剪紙、掛錢大賽二等獎。

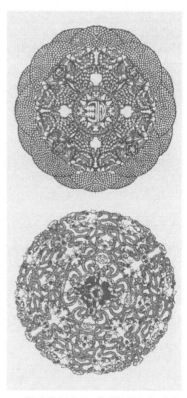

▲ 鄭武剪紙作品《同根共祖》《盛世年豐》

冰雪山水畫創始人——于志學

于志學（1935年-　），吉林省扶餘縣人。中國美術家協會理事、黑龍江省畫院名譽院長、黑龍江省美協名譽主席、黑龍江省國畫會會長、北京盤古藝術書畫院名譽院長、中國冰雪山水畫創始人。

一九七九年作品《塞外曲》榮獲文化部頒發的第五屆全國美展三等獎；一九八三年被英國倫敦國際出版中心收入《世界名人錄》；一九九〇年作品《杳古清魂》獲美國首屆國際藝術大賽繪畫類一等獎；一九九二年作品《雪月送糧圖》獲中國美協頒發的金質獎章；一九九七年作品《牧鹿女》獲文化部、中國詩書畫院頒發的「全國中國畫人物畫家畫展」銅獎；一九九九年作品《北國風光》被中國歷史博物館徵集作為「世紀收藏」；二〇〇一年作品《雪漫興安》參加百年中國畫展；二〇〇四年被中國藝術研究院授予「黃賓虹獎」；二〇〇五年獲柬埔寨文化部「吳哥文化獎」；二〇〇六年獲黑龍江首屆「文藝終身成就獎」；二〇〇九年獲俄羅斯阿穆爾州政府和阿穆爾州藝術創作協會分別授予的「文化貢獻獎」和「成就獎」證書、勛章。

▲ 于志學畫作

出版有《于志學畫集》《東方藝術・于志學專刊》《文化時空・于志學專刊》《觸類旁通・冰雪技法》《于志學畫冰雪技法》等專著。

詩書雙修結墨緣——劉培基

劉培基（1938 年 -　），生於吉林省扶餘縣，一九八七年畢業於無錫書法藝專中國書法專業。現為吉林省書法家協會會員、吉林省老年書畫研究會會員、松原市老年書畫研究會副會長、松原詩社社員、扶餘市老年書畫研究會會長、扶餘市書法家協會主席、扶餘市老年大學書法班講師。

劉培基書法作品一九八九年榮獲白城地區書畫作品展二等獎；一九九二年參加中國書畫藝術千人作品博覽展；一九九五年獲紀念吉鴻昌將軍誕辰一

▲ 劉培基書法作品

百週年中華炎黃書畫藝術大展最佳作品獎；一九九六年參加松原市迎新春書畫作品展，同年，參加跨世紀當代詩書畫印作品大聯展（中國美術館、中央人民廣播電台社教部、中國人才研究會藝術家學部委員會、中國僑聯《海內與海外》雜誌社主辦）；一九九九年榮獲吉林省離退休幹部慶祝建國五十週年書畫大賽優秀獎；二〇〇四年榮獲紀念鄧小平同志誕辰一百週年東北三省第五屆老年書畫展、吉林省第十三屆老年書畫展優秀獎、松原市第二屆老年書畫作品展一等獎、松原市老幹部慶祝建國五十五週年書畫展二等獎；榮獲二〇〇七年「春天送你一首詩」全國大型公益活動——詩意查干湖新詩書法大賽特別獎，作品發表在《詩刊》上；二〇〇七年特邀參加松原市迎中秋書畫作品展；二〇〇九年參加慶祝建國六十週年吉林省書法大展；二〇一〇年獲慶祝建黨八十九週年松原市首屆書法臨帖作品展二等獎。

一九八九年傳略和作品被收入《中國當代書畫家大辭典》；一九九五年入選《情繫國魂中華炎黃書畫精品大成》《一九九五跨世紀當代翰墨藝術家書畫庫》；一九九七年作品被柳亞子紀念館收藏；二〇〇二年作品及傳略被載入《中國書畫人才辭典》，並被授予「當代優秀書畫藝術人才」稱號。

二〇〇八年為扶餘縣「高家粉房慘案」「大獵子洞慘案」遺址書寫碑文並被勒碑，同年作品入編吉林省《晚霞之光》書畫作品集；二〇〇九年作品入編《松原市書法作品集》《慶祝建國六十週年吉林省書法大展作品集》；二〇一〇年作品入編《松原市書畫集》，同年作品被吉林省美術館收藏。

以畫鴨見長的農民畫師——韓玉林

韓玉林（1939 年 -　　），又名韓裕麟、韓毓麟，生於吉林省扶餘縣，吉林省美術家協會會員、松原市美術家協會理事、松原國畫會理事、扶餘市美術家協會名譽主席、扶餘市老年書畫研究會副會長。曾任白城地區文聯委員、政協扶餘縣第八屆委員會委員、扶餘縣文化館館員。現任教於扶餘市老年大學國畫班。

▲ 韓玉林繪畫作品《春江水暖鴨先知》（許占志題款）、《鴨》（孫其峰題字）

韓玉林曾師承著名花鳥畫家、天津美術學院教授孫其峰先生。一九七三年《林海新貌》獲吉林省美術作品展紀念獎；一九七四年《針尾鷸》《海棠十二紅》獲白城地區美術作品展紀念獎；一九八三年《雙鴨圖》獲吉林省首屆農民畫展一等獎，同年《雙鴨圖》入展由文化部和中國美協舉辦的全國農民畫展；一九八五年由扶餘縣人民政府舉辦韓玉林國畫、孫美貴剪紙聯展，展出國畫作品九十七件，時任吉林省文化廳廳長吳景春和省群眾藝術館館長一行領導參加剪綵，受到扶餘縣人民政府嘉獎；一九八六年《雪雁》獲吉林省文化廳舉辦的吉林省群眾美術作品展二等獎，《群鴨圖》獲白城地區群眾美術、書法展三等獎，作品被扶餘市文化局贈送日本友人，同年《百鳥朝鳳》（年畫）由吉林年畫出版社出版發行；一九八七年《荷花鷺鷥》獲白城地區美術作品展二等獎；一九八八年《蘆鴨戲水》獲「戎藝杯」全國書畫大賽優秀獎；一九九〇年創作的《寒鴨圖》（孫其峰先生題字：玉林畫鴨頗得神氣）與一九九一年創作的《蘆鴨》獲扶餘市第二屆藝術節展覽一等獎；一九九三年《蘆塘飛鴨》獲松原市首屆美術、書法、攝影大賽三等獎；一九九六年《雄鷹》獲松原市牡丹杯書畫大賽二等獎；一九九八年《群鴨》獲松原市「郵電杯」美術作品展二等獎；一九九九年《群鴨》獲松原市首屆文化藝術節美術、書法、攝影展二等獎，同年《驚梟》獲吉林省離退休幹部慶祝新中國成立五十週年書畫大賽優秀獎；二〇〇一年《花鳥》獲松原市首屆「夕陽紅杯」老年書畫大賽二等獎；二〇〇二年《梅花》獲松原市慶祝中國共產黨成立八十一週年「反腐倡廉」書畫展二等獎；二〇〇四年獲紀念鄧小平同志誕辰一百週年——吉林省第十三屆老年書畫展優秀獎、松原市第二屆老年書畫展二等獎；二〇〇七年，韓玉林獲松原建市十五週年——「十五年奮進・人才創業」徵文、書法、美術、攝影大賽優秀獎。

著名中國畫家——戴成有

戴成有（1940 年 -　），生於河北省樂亭縣，一九四二年隨父母遷至扶餘縣三岔河，先後在扶餘三岔河鎮中心小學和扶餘二中讀書，一九六六年畢業於魯迅美術學院中國畫系。一九七〇年在吉林油田（扶餘）工作，一九七三年調東北師大藝術系負責創建美術專業並任教，一九七七年任藝術系副主任，主管美術專業工作，一九八五年赴浙江美術學院研修中國人物畫，一九九二年晉陞為東北師大教授，一九九四年享受國務院頒發的政府特殊津貼。

多年來戴成有研究並創作中國水墨人物畫、瑞雪山水畫。其作品具有強烈的東北特點和個人風格。大量作品刊登在國內外專業雜誌、入選美術作品展覽會或獲獎。中國畫《北國風光》《長白山》和六幅人物畫《毛澤東》被人民大會堂收藏。中央軍委等黨政軍機關先後收藏多幅作品。曾任吉林省美術家協會第四屆副主席，現任吉林省美術家協會顧問，《中國美術》編委，吉林省政協書畫院常務副院長，省政協文史委特邀委員，東北師範大學美術學院教授、研究生導師，戴成有書畫院院長，中國長白山書畫院院長，中國文藝家書畫院藝術總監、副院長。

▲ 戴成有國畫作品

國畫大師——盧志學

盧志學（1941 年 -　 ），生於吉林省扶餘縣，一九六六年畢業於魯迅美術學院中國畫系。著名國畫家。中國美術家協會會員，國家一級美術師、教授，瀋陽書畫院首任院長，瀋陽市文聯副主席，遼寧省美協顧問，遼寧省中國畫研究會副會長，瀋陽市美術家協會名譽主席（歷任瀋陽市美術家協會主席、遼寧省美術家協會副主席等職），遼寧省高級職稱評委，瀋陽市文史館研究員，瀋陽市百位文藝名家，瀋陽市首批優秀美術家，瀋陽市優秀專家，國家有突出貢獻專家，享受國務院政府特殊津貼。

一九九〇、一九九一年兩度訪問日本參加國際博覽會，舉辦畫展，進行學術交流。一九九七年應馬來西亞邀請在馬來西亞舉辦個人畫展。二〇〇三年十一月在北京中國美術館舉辦個人畫展，國家郵政總局為盧志學畫展特製作首日封和郵資明信片。同年人民美術出版社出版《中國當代美術家盧志學畫集》、榮寶齋出版社出版《盧志學畫集》，還出版有《盧志學國畫選》《盧志學山水畫集》《盧志學國畫作品精選》等畫集。

▲ 盧志學作《關東深秋》

清芬散逸繪佳卷——張治中

張治中（1942 年 - ），滿族，出生於扶餘縣城。曾任扶餘縣民委主任、扶餘市（區）委統戰部副部長。師承王慶淮、曹世誠、百森等。從二十世紀五〇年代末起，先後有《松江春晚》《松江曉霧》《風雨無阻運糧忙》《句句說在我們心坎上》等國畫作品入選省美展。

「文革」期間曾一度擱筆。一九九三年重拾畫筆，繪製國畫《松江水運圖》，參加「紀念扶餘建城 300 年書畫展覽」。二〇〇二年退休後，到中國美術研究院中國畫高級研修班進修，師從龍瑞先生，專修國畫山水畫。

二〇〇三年八月，《松江煙柳》《家住太行朝陽溝》參加美術研究院中國畫名家班、高研班聯展，其中，《松江煙柳》獲優秀創作獎。二〇〇四年，創作《蝙蝠山曉霧》等十六幅作品。此後，新作品接踵問世，先後有國畫新作《幽谷清音》入選「第六屆全國『民族百花獎』美展」，獲優秀獎；《林蔭深處魚滿塘》入選「紀念陳雲同志百年誕辰畫展」；《溪峽雲煙》入選「第三屆當代中國文人書畫藝術北京邀請展」，獲金獎；《陽氣動林梢》入選全國書畫大展，獲銀獎；《沐浴朝霞》入選「首屆楹聯杯國際書畫大展」，獲一等獎；《侗寨晨曲》入選「紀念中日友好三十五週年中日書畫交流展」；《凝望》入選在日本東京舉辦的「中日友好藝術交流」，並被日方銀座美術館收藏；丈二匹《王屋山雲海》入選「慶祝建國六十週年名家書畫邀請展」，並被蘇州美術館收藏；《凝思》入選在加拿大舉辦的「世界華人書畫大展」；《吉祥三寶》入選「中國畫虎百家作品展」，獲金獎。

其作品《太行峽谷》《幽谷清音》《飄然塵世外》等入編《榮寶齋 2005 年第四回（清賞雅集）》《當代中國美術（當代中國畫卷）》《丹青典藏》畫典等美術出版物或發表在《中國書畫報》上。

行草蘊藉翰墨情——于泮江

　　于泮江（1945 年 -　　），出生於扶餘縣。字濟川，號村人、今古齋主。一九八七年畢業於中國書畫函授大學書法系。曾任中學校長，被中國書畫家王羲之研究會、淮海藝術學校等國內外多家藝術團體聘為理事、院士、高級書畫師、教授，還榮獲「世界當代藝術界名人」「當代藝術家」等多項殊榮，現任寧江區書法家協會主席。

▲ 于泮江書法作品

　　于泮江數十年致力於古今名帖與碑文的研究，專攻行草，苦學懷素、二王用筆，使自己創作的作品結體、章法、行氣富有極強的表現力。他特別注重自身的學識修養，對中國書法史、中國古代史、中國文化史、漢字演變與發展有較深的研究，多年的藝術積澱使他逐步形成自己圓熟流暢、清勁秀美、酣暢豁達、氣勢靈動的書風。

　　在國內外大型書展中，數十次入展並獲大獎：一九九八年中國工會成立七十週年書畫大展賽榮獲一等獎；一九九九年第三屆國際金鵝獎書畫大賽獲書法銅獎；一九九九年國際老人年世紀名家書畫大展入展並獲創作金牌獎。作品曾被各地館所收藏，有多幅作品餽贈外國友人。有作品收入《全國毛澤東詩詞作品集》《中國現代書畫家作品集》《二十世紀中韓書法家作品精賞》《當代華人大師藝品精粹》《世界書畫精品大觀》《中國當代藝術界名人錄》等三十餘部權威典籍之中。

傳承祖藝──百強

百強（1946 年 - ），滿族，生於扶餘縣城。現為中國少數民族美術促進會會員、吉林省美術家協會會員、松原市美術家協會名譽主席、寧江區美術家協會主席、伯都訥文化研究會副會長。百強在集書畫、雕塑、紮彩、園藝技藝於一家的文化家族的薰陶下，從小就喜愛工藝美術。在著名民間畫師、其祖父百森訓導下，初中時代的百強繪畫技藝就嶄露頭角。一九六六年畢業於扶餘工業中等技術學校後，一直從事美術工作。

百強的繪畫長於中國畫山水，也兼習花鳥、人物。他的國畫山水畫有著深厚的傳統功力，筆墨酣暢、渾厚華滋，既富傳統美又有個性美，形成氣象蕭疏、勢狀雄強的風格。

自二十世紀八○年代起，他的創作佳品頗豐，連連參加各級美展，並多有獲獎作品。國畫《春江》《秋山蘊秀》連獲市級美術作品展一、二等獎；《鐵骨錚錚》《百溪歸流》入選吉林省迎香港回歸、新中國成立五十週年美術作品展；《眼暈潤蒼山》《鐵嶺清澗》分獲文化部、中國美協優秀獎、「民族百花獎」銅牌獎；《深山溪流》獲全國第三屆「中日友好書畫交流展」優秀作品獎；他曾攜作品《溪山春曉》《雲起山鄉》赴日本東京中心美術館參加「中日友好，書畫交流」展併入編畫冊。

多年來，百強還為各類圖書設計封面和插圖多幅，主要有《伯都訥文化叢書》（一套十冊）《一代鷹王》《松漠正氣歌》《阿骨打稱帝》《丁丑園詩文叢》《瞳仁戀》《小英雄葛鑫》《我們播種關愛》《耕耘希望》《日語漢語詞典》等。特別是在為《伯都訥》文藝季刊設計封面畫的進程中，陸續進行《伯都訥歷史沿革風情畫》的創作。

近年來，百強被松原市老年大學聘為中國畫專業教師，為中老年繪畫愛好者講授國畫課，深得校領導和同學好評，曾被學校評為優秀教師。

「剪」出美麗人生──孫美貴

孫美貴（1946 年-　　），吉林省扶餘縣人。中國剪紙研究會會員、吉林省群眾文化學會會員、松原市民間文藝家協會名譽理事、扶餘市老年書畫研究會副會長，曾任政協吉林省扶餘縣八屆委員會委員、扶餘縣文聯委員。

孫美貴自幼隨母親學習剪紙，曾得孫其峰先生等名師指點。一九八三年九月，作品《花鳥圖》獲吉林省文化廳舉辦的吉林省首屆農民畫展三等獎；一九八四年十月，作品《自力更生光榮》參加白城地區美術、攝影、書法展覽；一九八五年十一月，加入中國剪紙研究會；一九八六年三月，作品《三國人物》榮獲吉林省群眾美術作品展覽一等獎；一九八六年十二月，作品《天女散花》榮獲白城地區群眾美術書法作品展覽一等獎；一九八七年十月，作品《龍鳳呈祥》榮獲白城地區美術作品展覽二等獎；一九八七年十二月，作品《回娘家》《放豬》入選中國剪紙學會組織的「當代農民新剪紙聯展」，並被評為一等獎，

▲ 孫美貴剪紙作品

作品《農家忙》獲榮譽獎；一九八九年七月，加入吉林省群眾文化學會；一九八九年九月，作品《圓形圖案》榮獲吉林省文化廳舉辦的吉林省民間美術作品展覽二等獎；一九八九年八月，作品《喜鵲登梅》榮獲白城地區個體勞動者和私營企業者書畫、攝影、工藝美術展一等獎；一九九三年三月，被吉林省文化廳命名為「吉林省民間藝術家」。

　　一九九六年，中央電視台「東方時空」欄目專訪孫美貴，並作了四十分鐘專題節目；一九九八年三月，被松原市文化局授予「松原市民間藝術家」稱號；一九九九年九月，作品《群仙祝壽》榮獲松原市首屆文化藝術節民間藝術作品展一等獎；二〇〇六年四月，在人民大會堂參加由中華伏羲文化研究會和中華伏羲文化研究會文藝創作專業委員會舉辦的「首屆中國民間藝術高層論壇」。作品被日本、新加坡、加拿大、美國等國家和地區友人收藏。

▲ 孫美貴剪紙作品

第七屆全國書法篆刻展唯一的小楷獲獎者——廉世和

廉世和（1952年- ），生於扶餘縣。當代著名書法家。中國書法家協會會員、吉林省書法家協會理事、吉林省高級專家、中華書法藝術研究會會員。

多年來，廉世和臨池不輟。最突出的成就是行書，行書學「二王」、李北海和米芾，結體端莊凝重，運筆潤澤流暢。他更精小楷，小楷學《黃庭經》《樂毅經》，幾經變化後，遒勁典雅，充滿書卷氣。書法作品參加第一屆中國書壇新人展，第六屆、第八屆全國中青展，第八屆全國書展，第三屆全國大展，中國近現代書畫展，二十一世紀全國首屆書畫篆刻家作品展，第一屆中國書協會員優秀作品展等。曾獲吉林省世紀書法大展金獎。第七屆全國書法篆刻展「全國獎」（是全國唯一的小楷獲獎者），新世紀全球華人書法大賽銀獎，第一屆中國書法「蘭亭獎」。其作品被許多海內外知名人士收藏。二〇〇二年北京榮寶齋為廉世和舉辦書法作品展。二〇〇五年，被吉林省委、省政府評為吉林省高級專家。二〇一二年四月三十日，由中國書法家協會、吉林省文聯主辦，長春市文聯、松原市委宣傳部承辦的「廉世和書法展」在中國美術館開幕，部分參展作品被中國美術館收藏。

▲ 廉世和書法作品

中華百絕菁英畫家——劉國

　　劉國（1956 年 -　　），吉林扶餘人。畢業於東北師範大學美術系，研修於中國美術學院。現任中國長白山畫院院長、高級畫師，吉林省教育學院藝術系教授、副主任，中國延邊大學及吉林師範學院客座教授，新加坡新世紀藝術中心總裁，中國教育學會美術教研會理事，中國工業設計協會、中國美術家協會、吉林省美術家協會會員，世界文化藝術研究中心研究員。

　　其創造的中國山水畫新技法，影響國內外畫壇，被中華百絕博覽會評為「中華一絕」。長期旅居美國、新加坡、馬來西亞等地展覽講學，先後在美國的舊金山、紐約，新加坡，馬來西亞及中國台灣、廣州、海南、哈爾濱、長春等地舉辦十一次個展，有兩千多件作品在國內外展出發表，有的獲獎，多幅作品被國內外美術館、博物館、重點大學收藏。出版專著有《劉國畫集》《劉國畫選》《劉國山水畫集》《中國山水畫新技法》，主編了多部教科用書。發表多篇藝術教育論文，創作的《長白雄魂》《長白松雪圖》巨卷被評為「世界之最」長卷。一九九二年被中華百絕博覽會評為「中華百絕菁英畫家」，一九九八年被吉林省人民政府授予第五批有突出貢獻的中青年專業技術人才獎，同年被國際美術家聯合會等十四個國際權威學術團體評為國際銀獎藝術家，二十世紀國際名家教授成就大獎，一九九七年被國際美術家聯合會等十六個國際學術團體授予世界書畫藝術名人。傳略入編《世界名人錄》《世界當代書畫篆刻家大辭典》《世界華人文學藝術界名人錄》《世界當代著名書畫家真跡博覽大典》《現代中國美術家人名大詞典》等多部典集。被譽為實力派、革新派畫家、美術教育家。

書畫雙妙育桃李——耿明

耿明（1956 年 -　　），出生於扶餘縣。中國書畫研究會會員，吉林省美術家協會會員，吉林省書法家協會會員，松原市書法家協會理事，寧江區老年詩書畫研究會會員。

著名書法家姚俊卿評價說：「耿明書法功力深厚，特色鮮明。」范曾亦為其書畫展欣然題名。楹聯「嘔心瀝血唱一曲陽春白雪　滋蘭樹蕙染百年綠嶺金秋」獲吉林省萬聯書法大賽一等獎，書法作品多次被日本、韓國、英國、法國、澳大利亞、新西蘭等國家人士收藏。其書法作品《心田裝天下，家風炳千秋》被香港著名慈善家田家炳先生收藏；作品《同一個世界，同一個夢想》《五洲潤澤》分別被英國、法國友人收藏；作品《櫻花情》作為中日友好交流主要禮品餽贈給日本友人；作品《軍威》被某預備役高炮旅收藏。部分書法題字被多所學校、企事業機構、景區及建築物採納並刻石鑄字。

美術作品《陽光》在全國教師美術作品大賽獲專業組二等獎。國畫《雪韻龍華》《跨江穿雲》獲松原市美術作品大賽一等獎。在吉林省慶祝建國六十週年美術、書法、攝影大賽中，國畫《哈達飛瀑》獲優秀獎。國畫《輕舟已過萬重山》被中國駐韓國大使收藏。

他的書畫作品分別收入多部書畫專輯。其作品《凌雲健筆》被收入《菁英薈萃》書法專集，《驚濤》收入紀念建國六十週年《松原市書法作品集》。二〇一二年松原市建市二十週年之際，《松原日報》專版刊登《耿明頌松原楹聯書法集錦》《印象松原——耿明彩墨繪松原十景》。

吉林人民廣播電台、吉林電視台、《吉林日報》《中國書畫報》《松原日報》等媒體曾以《耿耿丹青照眼明》《山高哪礙野雲飛》《墨濺猶聽瀑瀉聲》《胸中山岳、筆底雲煙》等為題對其進行過報導。

筆硯耕心──王春波

王春波（1964 年 -　　），筆名越恆，生於扶餘縣，現就職於吉林油田分公司科技信息處。中國石油書法家協會理事、吉林省書法家協會會員、寧江區書法家協會副主席。

王春波自幼酷愛書法，初學「顏柳」，繼學孫過庭《書譜》、于右任書法、王羲之《聖教序》、漢《曹全碑》《張遷碑》以及北魏墓誌多種。

一九八一年參軍後，得益於著名書法家朱壽友、徐熾先生點撥，書藝精進。他推崇「草不兼真，殆於專謹；真不通草，殊非翰札；真以點劃為形質，使轉為性情；草以點劃為性情，使轉為形質」的說法。

在創作中他不主張過早地形成自己的風格，因為他深知「採得百花方成蜜」的道理。其書法作品先後參加中國空軍書法比賽（獲二等獎，中國人民革命軍事博物館展出），吉林省首屆青年書法展，第二屆吉林省青年書法精品展，吉林省慶建國五十週年書法大展，吉林省第一、二屆臨帖展，中國石油書法系列大展。有作品入選《中國石油第三屆文化大賽作品集》；在「三元杯」全國石油書法大賽中獲優秀獎；在《青少年書法報》舉辦的全國書法教師命題擂台比賽中獲三等獎。

在習軟筆書法的同時他還兼顧硬筆書法創作，在全國硬筆書法大賽中他多次獲二、三等獎。一九九二年四月，海南攝影美術出版社出版了他的《安徒生童話行楷鋼筆字帖》並在全國發行。

扶餘市攝影俱樂部創建人——王勝臣

王勝臣（1965 年 -　），出生於扶餘市蔡家溝鎮。吉林省攝影家協會會員，吉林省新聞攝影學會會員，吉林省民俗攝影協會會員，黑龍江省民俗攝影協會會員，國際專業攝影協會高級會員，松原市攝影家協會會員，松原市攝影協會常務理事，吉林省青少年科技大賽優秀輔導員，《中外新聞攝影報》特約記者，中國扶餘部落網、《扶餘國》文藝期刊攝影編輯，扶餘市攝影俱樂部創建人，「扶餘攝影之家」網站創建者。

二〇〇八年，在扶餘縣「慶奧運、紀念改革開放三十週年書畫攝影展」中獲一等獎；同年，攝影作品《珠爾山風光》被吉林省郵票選用；二〇〇九年，在扶餘縣「慶祝新中國成立六十週年書畫攝影展」中獲組織獎；同年，成為國際專業攝影協會「AAA」級攝影師兼協會網站吉林省負責人；二〇一一年，在「佳能攝影大賽」中獲一等獎；二〇一三年，榮獲吉林省書法繪畫攝影大賽二等獎、松原市農民書畫攝影展暨手工藝作品展優秀獎；同年，《松原查干湖展館》等攝影作品被吉林省郵票選用，《珠爾山風光》《拉林河畔》《大金濕地》等作品被《中國空管》雜誌採用。多年來，數百幅攝影作品在國家、省、市、縣報刊刊登和各大攝影網站發表並擔負各大網站和攝影團體的負責人。

▲ 王勝臣攝影作品《夕照落松間》

用書畫描繪人生——曲慶波

　　曲慶波（1968 年 -　　），號真逸軒主人，出生於扶餘縣。現為真逸美術裝潢公司總經理。中國書法家協會會員、中國書畫家聯誼會會員，松原市政協委員、松原市書法家協會副主席、松原市美術家協會理事、寧江區書法家協會副主席兼秘書長。一九八八年考入白城地區安廣師範學校，在著名書畫家白純中老師的影響下，開始了自己的藝術人生。書法方面，他在遍臨「二王」及顏、柳的基礎上，尤喜米芾的《苕溪詩》和隸書《張遷碑》《曹全碑》。長期的苦練形成他的飄逸清秀的書法風格。繪畫方面，他追求貼近生活、貼近自然的田園情趣。在他的筆下，既有雲霧迷濛的含蓄、又有南方水鄉的雅緻。

　　其書畫作品曾先後獲全國「神內杯」書法大賽銀獎、吉林省首屆臨帖（碑）書法展金獎、吉林省紀念改革開放三十週年書法大展二等獎、吉林省黨政幹部千人書法展金獎、吉林省糧食集團成立五週年書畫展二等獎、松原市建市十週年書法展金獎、松原市「郵電杯」美術作品一等獎。他的書法作品曾入選吉林省世紀書法大展、吉林省青年書法家作品展、鄧小平誕辰一百週年大型書畫邀請展、全國第四屆正書大展、全國第二屆扇面書法展、慶祝新中國成立五十一週年吉林省書法作品展覽、全國第四屆當代書畫家作品邀請展和第六屆亞洲藝術節書法精品展。作品入編《中國書畫藝術博覽》等辭書，並多次在《中國書法報》《青少年書法報》《中國書畫報》《吉林日報》《松原日報》等報刊發表，松原電視台「經濟時空」「文化熱土」等欄目曾對他作過專題報導。

▲ 曲慶波書法作品

演藝界

民間皮影藝人——何祥

　　何祥（1886 年 - 1976 年），生於伯都訥廳大三家子村附近的二十家子屯（今屬扶餘市陶賴昭鎮）一個世代務農的農民家庭。何祥從小喜歡表演藝術，二十歲時起，即跟隨本地民間藝人李德成利用農閒時間學習皮影藝術，不但師承了師傅的全部技藝，而且不斷創新提高，一生從事民間皮影演出活動達七十年之久，是扶餘東部極負盛名的民間皮影藝人。

　　何祥堅持務農、從藝兩不誤，在長期的演出實踐中多方學習外地和其他劇種的長處，不斷豐富演出劇目。他演出的皮影戲劇目多至五十幾台，其中還有不少連台本戲，有些劇目為其他戲曲劇目中所罕見。

　　建國後，何祥在黨的「雙百」方針指引下，積極移植演出現代劇目，親自刻製創作現代新影人。新中國成立初期，他先後製作了《劉胡蘭》《小二黑結婚》《小女婿》等影人劇目。他還結合黨在各個時期的中心工作，創作並演出了宣傳抗美援朝、婚姻法、農業合作化等內容的節目。二十世紀五〇年代初，他率班在縣裡為志願軍演出，榮獲一等獎；六〇年代參加全縣群眾業餘文藝會演，再次獲得一等獎。在長期的業餘演藝生涯中，他也培養了幾代農民皮影藝人。

　　一九七六年，何祥在家鄉病逝，享年九十歲。

新城戲聲腔音樂創始人之一——徐達音

徐達音（1927 年 - 2008 年），祖籍河北祁州，一九三八年隨父闖關東來東北，一九四〇年遷扶餘縣三岔河鎮定居。曾就讀於「三岔河國民學校」和「三岔河國民優級學校」。一九五一年六月，徐達音調到三岔河文化館工作；一九五六年，徐達音因具有器樂和音樂理論特長，被保送到吉林省藝校音樂專業班進修一年，結業後回到三岔河文化館繼續工作；一九五九年調到扶餘縣文化館，從事群眾文化和音樂理論研究工作；一九六二年借調縣新城戲實驗劇團參與新劇種音樂創編；一九六五年調回縣文化館。

徐達音工作認真，治學嚴謹，曾參與「大金得勝陀頌」碑的保護和修復工作，對碑文進行了仔細的抄錄和深入的研究，撰寫了數篇觀點鮮明、立論充分的學術文章。主要有：《金碑建立之原委》《一代英主之象徵》《金碑撰文、書丹、篆額者考釋》《寧江州考》《金碑保護初記》（與韓光烈合著）等。這些文章，具有重要的學術價值，為研究遼金歷史、地理等，提供了可信度較高的資料依據。

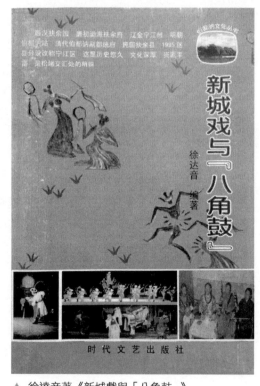

▲ 徐達音著《新城戲與「八角鼓」》

以「八角鼓」為基調的新劇種——新城戲誕生後，他開始研究新城戲聲腔音樂的母體——「八角鼓」，以加強劇種聲腔音樂理論建設。他當時提出劇種建設分兩條路走，一是仍按原來的作曲方式搞下去，二是把新城戲聲腔音樂的基調搞清楚，創建基礎理論之後，再確定聲腔音樂發展的路子。在此期間，他曾去

呼和浩特市，將那裡的滿族「八角鼓」曲牌、曲目、唱腔唱段等資料全部蒐集回來，為進一步研究「八角鼓」積澱了豐厚的基礎資料。

一九六五年，徐達音回文化館工作後，對「八角鼓」的研究仍未中斷，陸續有研究文章問世。其中《「八角鼓」源流考》一文作為參加「中國滿族文化史學術年會」的學術論文，受到與會者的好評，並載入大會論文集裡，同時此文受到中央音樂研究所和有關專家的高度重視；《「八角鼓」民族屬性辨析》一文，被評為吉林省優秀論文，載入《民俗研究論叢》一書中；《渤海樂古今探微》一文獲「世界學術貢獻獎」金獎，此文被載入《世界學術文庫・中華卷》。這些理論文章，為新城戲認祖歸宗和向滿族文化方向發展奠定了堅實的理論基礎，對新城戲滿族屬性的界定，起到了至關重要的作用。

一九八二年至一九八九年，徐達音參與《扶餘縣志》的編纂工作。在縣史志辦公室工作期間和完成縣志編纂工作後，徐達音曾參與國家重點藝術科研項目「十大集成」中的《中國戲曲志》《中國曲藝志》《中國戲曲音樂集成》《中國曲藝音樂集成》四大集成的地方條目的編纂；獨立完成《扶餘文化藝術志》的編纂，並編纂完成洋洋八十萬字的古代音樂理論專著《中國古代宮廷音樂》。曾完成《扶餘縣志》（科技、文化、政法等部分初稿）及《戲曲志》《曲藝志》《戲曲音樂集成》《吉林省文化藝術志》《扶餘縣文化藝術志》等志書的文字稿近百萬字。

徐達音離休後，仍在奮筆耕耘，相繼完成了《中國古代宮廷音樂》（上、中、下）及《新城戲與「八角鼓」》《庸人萍蹤錄》《知靜齋敝帚集》等專著。

由於研究成果卓著，徐達音先後被吸收為中國少數民族音樂協會會員、中國滿族音樂研究會會員、吉林音樂家協會會員、吉林民間文藝協會會員、吉林省民俗學會會員、吉林省群眾文化學會會員。他還受聘為瀋陽東亞研究中心東北亞人物研究所研究員、《世界文化名人辭海》特邀顧問編委等。一九九七年，他的名字以「徐達音，當代著名學者、新城戲聲腔音樂創始人之一」為題，被列入《松原人物》一書。一九九九年，徐達音的名字被列入《中國專家

大辭典》，同年，被列入《世界文化名人辭海》。

　　二〇〇八年一月，徐達音病逝，享年八十一歲。

「滿族新城戲」著名導演——孫麗清

孫麗清（1941 年 -　　），出生於扶餘縣，曾為扶餘縣新城戲劇團演員、導演。現為國家一級導演，享受國務院特殊貢獻津貼。一九六〇年新城戲創始至今執導了《鐵血女真》《洪皓》《紅羅女》《繡花女》等一系列滿族新城戲劇目。其中《鐵血女真》榮獲第三屆文華大獎，「五個一工程」獎，個人獲文華導演獎。《洪皓》一劇獲「五個一工程」獎、少數民族金孔雀大獎和第二屆少數民族金獎第一名，個人兩次獲優秀導演獎和舞蹈設計獎。孫麗清導演的吉劇《大布蘇》獲首屆文華大獎，個人獲導演金獎；導演的上黨梆子《初定中原》獲第九屆文華新劇目獎，個人獲文華導演獎；導演的京劇《三關明月》和評劇《香妃與乾隆》獲文化部頒發的優秀劇目獎和優秀導演獎；導演的吉劇《貴妃還鄉》在第三屆少數民族戲劇會演中榮獲「劇目金獎」。尤其是一九八五年以後，她潛心研究、探索滿族的民風民俗和音樂舞蹈特點，用這些素材創造了滿族新城戲獨特的表演形式和鮮活的舞颱風貌。在近五十年的藝術實踐中，她還培養了一大批青年演員和獲文華獎、梅花獎的優秀演員。二〇一一年，孫麗清榮獲第十屆省政府長白山文藝獎成就獎。

▲ 孫麗清執導《鐵血女真》

地方名旦——胡靜云

胡靜云（1942年-1986年），生於扶餘縣三岔河鎮，扶餘地方著名旦角演員，曾任扶餘縣滿族新城戲劇團演員、副團長。一九五六年，年僅十五歲的胡靜云被扶餘縣評劇團錄為學員，由於她勤奮好學，基本功紮實，一九五九年新劇種創建時，她被選入圍，成為新城戲的第一代主要演員。由於新城戲是新劇種，在聲腔演唱方面尚沒有成功的經驗可以借鑑，胡靜云在聲腔演唱方面深入實踐，反覆探索，終於形成了自己獨特的演唱風格。她使用真聲大本嗓演唱，嗓音圓潤，吐字清亮，行腔輕巧，講求字正腔圓，聲情並茂，韻味醇厚，表現了新城戲聲腔演唱的獨特格調。

胡靜云從初期的閨門旦（小旦）、花旦、青衣應工，後來發展到了多種行當兼能的演員。對老旦、彩旦戲亦能應行，可謂之一專多能。她在表演多種行當的人物角色中，為新城戲形成聲腔各異的演唱風格和開創多種演唱流派，奠定了良好的基礎。她戲路寬闊，無論扮演什麼角色，都演得個性鮮明，活靈活現。在人物潛意識刻畫上，她表現得生動逼真，淋漓盡致，觀眾都說她的戲演「絕」了，演啥像啥。

胡靜云從藝後，特別是參加新城戲劇團以來，曾先後在《箭帕緣》《紅梅記》《劉三姐》《春草闖堂》《江姐》《戰風沙》《沙家濱》《狸貓換太子》《山貓嘴說媒》《嫁不出去的姑娘》《合家歡》及《梁山伯與祝英台》等多齣大戲中出演主角（有時也為了培養青年演員主動飾演配角），在觀眾中頗負盛名，在省內也是很有影響的「一代名伶」。

多年來，胡靜云在本單位和文化系統內，曾多次被評為先進工作者和優秀黨員。二十世紀六〇年代初，她在參加白城地區戲曲匯演中，榮獲「優秀青年演員」光榮稱號；曾作為縣人大代表被選為縣人民委員會委員和縣婦聯委員；曾出席省和縣婦聯「雙先會」，並被評為婦女先進個人；曾是省文聯和中國劇協吉林分會會員。一九八六年二月，胡靜云因患癌症醫治無效病故，年僅四十四歲。

著名二人轉音樂家——楊柏森

楊柏森（1953 年 -　　），吉林省扶餘縣人。中國音樂家協會會員，中國戲曲音樂研究會常務理事，國家一級作曲，中國著名二人轉音樂家。

楊柏森從一九八三年到二〇〇二年近二十年的時間裡，歷屆吉林省二人轉、小品、小戲匯演及兩屆全國二人轉匯演他都有作品參加，總計三十餘個，獲一等獎就有十餘個，為吉林省的二人轉藝術作出了突出貢獻。

滿族新城戲《鐵血女真》中，他參與唱腔創作及場面音樂設計，和同事們調動多年的音樂積累，努力展示薩滿音樂色彩，強化滿族音樂特色，這個劇目獲得了文化部文華大獎和中宣部「五個一工程」獎。楊柏森榮獲文化音樂設計獎及戲曲音樂最高獎項「孔三傳」音樂創作獎。他還涉足歌曲創作，譜寫了數百首音樂、舞蹈作品。一曲《找情郎》（《大姑娘美》）唱遍了大江南北。他先後為電影《男婦女主任》及電視劇《農家十二月》《劉老根》《聖水湖畔》等作曲，其中許多主題歌以其鮮明的關東特色被觀眾接受，廣為流傳。

近年來，楊柏森還多次參與了省、市多台電視晚會的音樂創作。由於他在音樂創作方面取得的豐碩成果，一九九四年獲國務院特殊津貼。二〇〇三年被評為吉林省第七批有突出貢獻的中青年專家。二〇〇九年，獲松原市政府哈達山文藝獎成就獎。

▲ 楊柏森在扶餘演出

國家一級導演——宋江波

　　宋江波（1954 年 -　　），吉林省扶餘縣人，畢業於北京電影學院導演系。現任吉林省文學藝術界聯合會正廳級巡視員，國家一級導演。吉林省電影家協會副主席、吉林省電視家協會副主席、中國電影家協會理事、中國電視劇導演工作委員會理事、中國電影導演協會執委。原任長春電影製片廠副廠長、總導演，吉林省文學藝術界聯合會副主席。二〇〇〇年獲全國文聯百名青年優秀藝術家、二〇〇一年獲吉林省委省政府頒發的二十世紀藝術金獎、二〇〇六年被授予吉林省高級專家稱號。

　　電影《城市假面舞會》獲長影小百花獎優秀影片特別獎；《紅房間、白房間、黑房間》獲長影小百花獎優秀影片特別獎；《離婚合同》獲一九九一年第三屆哈爾濱冰雪節電影藝術銀杯獎、長影小百花獎優秀影片獎；《蔣築英》獲一九九三年國家廣電部最佳故事片獎、最佳編劇獎、最佳女演員獎，一九九三年中宣部「五個一工程」獎，大學生電影節最受觀眾歡迎的最佳影片獎、最

▲ 宋江波執導的電影《任長霞》

佳女演員獎,長影小百花獎最佳影片獎、最佳導演獎;《燈塔世家》獲一九九八年中國電影華表獎優秀影片獎、吉林省長白山文藝獎;《毛澤東與斯諾》獲二〇〇一年中國電影華表獎優秀影片獎、第五屆長春電影節評委會銀杯獎、第八屆中宣部「五個一工程」獎、吉林省長白山文藝獎、長影小百花獎優秀故事片獎;《走向太陽》 獲吉林省「五個一工程」獎、二〇〇四年平壤國際電影節優秀影片特別獎;《燦爛的季節》獲二〇〇四年第十屆中國電影華表獎優秀故事片獎、俄羅斯「阿穆爾之秋」國際電影節優秀導演獎、第八屆長白山文藝獎作品獎;《任長霞》獲二〇〇五年第十一屆中國電影華表獎優秀故事片獎、吉林省長白山文藝獎;《大道如天》獲二〇〇六年國家廣電總局指定向建黨八十五週年重點獻禮影片、吉林省長白山文藝獎;《偶人呂尚斌》二〇〇七年被中宣部、廣電總局確定為向黨的十七大獻禮的重點影片;《潘作良》二〇一〇年獲全國第十一屆精神文明建設「五個一工程」獎,榮獲二〇一〇年中美電影節評委會特別大獎——金天使獎,被中宣部、國家廣電總局定為新中國成立六十週年重點國產獻禮影片,第十三屆華表獎優秀故事片獎提名;《鐵人王進喜》獲二〇一二年第四屆澳門國際電影節「金蓮花優秀影片獎」,最佳編劇獎。

電視劇《男人也有故事》獲一九九四年中央電視台 CCTV 杯優秀電視劇獎;《鄉村女法官》獲一九九七年中國電視金鷹獎、飛天獎;《多雪的冬季》一九九八年獲中國電視飛天獎、東北金虎獎最佳導演獎;《北方往事》獲一九九四年東北地區金虎獎一等獎、最佳導演獎;《北極光》二〇〇六年獲中國電視金鷹獎。

與新銳作家宋慕歌聯合編劇的作品《溫暖的山梁》獲二〇一二「夏衍杯」創意電影劇本獎。

獲得梅花表演獎的藝術家——劉海波

劉海波（1963 年-　），生於扶餘縣。中國戲劇家協會會員。一九七八年，他演出《沙家濱》塑造的郭建光形象生動感人，一炮而紅，免試進入新城戲劇團。一九八九年在歷史劇《皇帝出家》中扮演男主角，在吉林省首屆藝術節匯演中獲表演三等獎。一九九一年排練《鐵血女真》時，他先是演一個只有兩場戲的配角，練得一絲不苟；後來，專家認為他的氣質、條件更適合演主角，便進行了調換。一個多月下來，他體重下降了十五斤。劇中有一場：阿骨

▲ 劉海波飾演《大金始祖》

▲ 滿族新城戲《鐵血女真》劇照

打的妻子烏古倫被天祚帝搶去並生一子，當小王子百日時，阿骨打要前去朝賀。怎樣才能把阿骨打此時屈辱、痛苦和憤恨的心情表達出來？導演決定採用舞蹈的形式。舞蹈是劉海波的弱項。為了準確地把握人物心理，真實而生動地表現人物的內在精神，他白天摸爬滾打，晚上凝神揣摩，可是有幾個動作始終不如人意。也許是冥思苦想之後的「頓悟」，也許是精誠所至感動了上蒼，在一次睡夢中，鷹神（鷹是滿族人崇拜的圖騰）那凌空展翅的壯美舞姿一下子開啟了他的靈智，多少天來一直困擾他的那幾個動作竟然和諧自如地完成了。這段由劉海波命名為「鷹神薩滿舞」的表演在藝術上收到了「此時無聲勝有聲」的效果，成為整部戲的戲眼、戲魂，準確地表達了阿骨打這個英雄的神韻，勾畫出了女真民族的精魂。二十年的艱苦磨難，終於換來了豐碩的收穫，一部《鐵血女真》使他一舉成名，奪得了中國戲劇界的兩個最高獎──「文華獎」和「梅花獎」，並享受國務院頒發的特殊崗位津貼，成為三十年間吉林省七名獲得梅花表演獎殊榮的藝術家之一。

草根明星——魏三

魏三（1971 年 -　），原名魏武才，滿族。行三，因此就叫魏三。1987 年在吉林省扶餘縣榆樹溝中學畢業後，魏三就學起了二人轉，跟著師父去十里八村「滾地包」（民間的草台戲班子）。沒有學歷，沒有職稱，沒有特殊背景，魏三憑藉出色的演技，成了東北家喻戶曉的明星，在東北的知名度很高。

魏三是從二〇〇二年夏在全國尤其是東北地區火起來的「說唱小品」（即二人轉與說、逗結合的表演形式）演員。魏三不僅在東北三省的老百姓中有著強大的票房號召力，而且在北京、天津、河北等地也深受觀眾喜愛。魏三錄製的光碟已有二十多個版本。業內人士將其稱為「魏三現象」。

魏三演唱歌曲震撼力很強，在舞台表演形體和聲音協調統一，聲情並茂，自然嫻熟，充滿激情和活力，搞笑說逗適度，雅俗共賞，很有親和力。如視頻歌曲《久違的哥兒們》《抹不去的淚滴》《離家的孩子》《媽媽今天來看我》《北郊》《父親》《母親》《人在世上飄》《喀爾那》等。

魏三在藝術上成就很高，走的路和其他二人轉藝人有所不同。他將百姓共同認知的價值標準詼諧地吟唱出來，用經典、凝練的語言勸導人們快樂生活。像「人生難得百年願，百年就是一瞬間」這樣和風細雨的語句在魏三的作品裡隨處可見。二〇〇五年春晚與李詠、孫小寶合作小品《明日之星》，央視十台的《人物》欄目分兩期對魏三進行了報導。小品代表作有《傻男人與壞女人》《無品芝麻官系列》《得不償失》等。魏三還主演了二十二集電視連續劇《荒唐王爺》。

第四章 ——

文化景址

扶餘歷史悠久，地表地下文化遺存豐厚，文化景址，氣象萬千；歷史印痕，豪情永鐫。在七千餘件館藏文物中，上至兩萬年前的古動物化石就有八十餘件，戰國至明清的陶、瓷器皿四百餘件；還有大量的遼金時期的金屬器物、書畫、玉器、碑刻等珍貴文物。境內發現的古遺址有六十餘處，其中屬於遼、金時期的就有三十餘處。

波濤洶湧的拉林河滾水壩、綠草萋萋的大金碑濕地公園、神祕莫測的百年古榆、具有紀念意義的中東鐵路橋遺址、拔地而起的現代化博物館綜合樓，等等，無不向世人講述著扶餘極具特色的自然景觀和人文風情。

扶餘文物古蹟遺存頗為豐富，但舊時代無人管理，有的散失，有的遭到破壞。中華人民共和國成立後，在黨和政府的重視下，文物得到妥善保護。一九六二年，白城地區組織力量對扶餘縣文物分布狀況做了一次全面普查。一九八二年，省文物局組織的全省《文物志》編寫試點培訓班，扶餘分隊的二十多名同志，分四個組，對扶餘文物狀況做了全面踏勘，並編寫成《扶餘縣文物志》，由吉林省文物志編修委員會出版。多年來，在廣大群眾支持下，通過縣內和省、市文物工作者的努力，基本上摸清了扶餘地方文物狀況。

扶餘博物館是在一九八四年原扶餘縣展覽館的基礎上創建的。一九九五年區縣分設時將博物館劃歸扶餘縣。二〇〇八年扶餘縣政府自籌資金在縣城內新建一座六千平方米科技先進的現代博物館大樓，二〇一〇年交付使用。

扶餘博物館有館藏文物七五四〇件（包括古錢幣 6369 枚），其中有上至兩萬年前的古動物化石八十三件；新石器時期的石斧五件；戰國至漢代省內少見的紅衣陶壺、陶器五十六件（組）；元明清瓷器三八九件；遼代錢幣、遼金銅鏡、官印七件，鐵器四十九件，書畫十一件，玉器、石器、碑刻四十一件，銀器三十五件，合裝品加其他四六〇件。其中國家二級文物七件，三級文物二十八件。

二〇〇八年，「大金得勝陀頌」碑亭新建後，在碑亭旁建設了遼金陳列館。此館以仿遼金時期建築為特點，是集遼金歷史文物展覽、臨時展廳為一體的新型陳列館，展出遼金時期出土文物三百件，歸扶餘市博物館管理。二〇一二年五月該館正式對外全年免費開放，內有國家級二級文物六件、三級文物十件。

在扶餘地方目前出土的古動物化石、石器、陶瓷器、金屬器等各種器物，多出於古遺址、古城址、古墓葬中，也有的是在農田水利基本建設中發現或散失於地表淺層被偶爾發現。這些文物中有的遠至新石器時代，但遼、金時期居多。

館藏文物

古動物化石

　　1959 年，在五家站鎮東松花江二級台地上的沙崗中出土猛獁象化石。吉林省博物館曾派人來現場調查。1982 年 5 月，於扶餘鎮北郊小窯屯出土披毛犀上頜骨化石，保存完好。

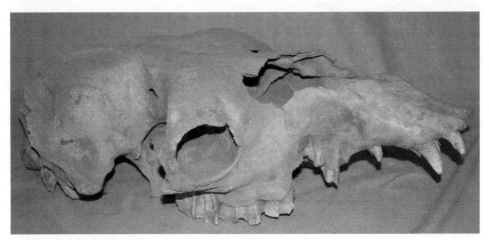

▲ 更新世晚期駱駝頭骨化石

石器

　　1982 年，在縣內更新鄉孟家崴子、小房身、平房店、李家崴子等四處古遺址中，出土四具石臼；大林子鎮韭菜砣子村大砣子古遺址內出土一具石臼和一具石磨。據考證，係金代遺物，對研究女真人社會生活具有一定價值。

陶、瓷器

　　建國以來，在老扶餘縣境內相繼出土紅衣陶壺、三彩瓷船等一批陶瓷器，分別保管在省博物館、省文物隊、白城市博物館和扶餘市博物館。

▲ 紅衣陶壺

▲ 明各色罐

▲ 明小口黑釉瓶

▲ 清青花盤一組

金屬器物

　　建國以來，在老扶餘縣境內相繼出土金扣玉帶、千手觀音銅牌等一批金屬器物，分別由省、白城市和扶餘市博物館收藏。

▲ 海獸葡萄銅鏡

▲ 明琉璃、銅飾件一組

▲ 遼金鐵製農具

▲ 金代銅長壽人

▲ 遼金六耳鐵鍋

印信

建國以後，在老扶餘縣境內先後出土四角王印、上京隆安勸農副使印、利涉縣印等古代印信，現分別收藏在省、白城市和扶餘市博物館。

▲ 金代官印

古遺址

在老扶餘縣境內發現的古遺址有六十五處，其中歷史久遠，屬青銅文化時期的有長崗子遺址、老方家遺址等十一處；屬於遼、金時期的後十五里崗子遺址、單家遺址等三十三處；屬於明、清時期的有嘎爾奇遺址、仲仕遺址等七處；還有靈佑寺遺址和福慶寺遺址等。在這些不可移動文物中，國家級重點文物保護單位為「大金得勝陀頌」碑、石頭城子古城址二處；省級文物保護單位有長崗子遺址、伯都古城址、老扶餘縣城清真寺、萬善石橋等四處；松原市市級重點文物保護單位有如來寺、新安古城、西北占荒遺址、南坨子遺址、大孤家子遺址、李家崴子遺址和扶餘市烈士陵園等七處。

長崗子遺址

長崗子遺址位於伯都鄉伯都村西北三公里處的第二松花江支流馬場溝子河南岸，東距新民鄉新立村二百米；東南距伯都村的台地坎三公里；遺址坐落在東西走向的小漫崗子上，四面是開闊的松花江河灘平地。解放後，國家修築了防洪堤，從此消除了水患，這片土地變成了肥田沃野。

遺址以漫崗為中心，東西長二三〇米，南北寬一百米，整個遺址均為耕地。但在地表上還能見到大量「漢書二期文化」類型的陶片，如泥質紅褐陶、夾砂紅褐陶、紅衣陶等，也有不少遼、金時代的遺物。

遺址是一九五八年文物普查時發現的，一九六〇年列入省級重點文物保護單位。此後，白城地區文物普查隊、吉林省博物館、吉林大學歷史系等單位先後派人做過調查。一九七四年四月，吉林大學考古專業組織的考古調查組，對此遺址進行了試掘，共開了兩條一乘十米的探溝（見殷德明《黑龍江省古蹟與歷史沿革概述》）。試掘中地層堆積和遺物表明，長崗子遺址是被遼金時代地層壓著的一種比較單純的「漢書二期文化」類型的原始文化遺存。

遺址的陶器，以泥質紅褐陶為最多。器形有鬲、鼎、罐、缽、碗、杯、船形器、器蓋、支座等。紋飾以繩文和各種印壓紋為主，刻畫紋和椎刺紋則少見。泥質紅衣陶數量也較多，陶質與泥質紅褐陶相同，圍飾紅彩、有紋飾的較少見。器耳多橋狀、環狀，而舌狀、獸足狀耳較少見。陶器均為手製。多採用泥圈疊築法。大型器多是分段製造，再結合成整器。小型器皿則用手捏成。陶土未經淘洗，火候不高，不甚堅硬。生產工具石器、蚌器、陶器等。石器很少見，僅見少量石斧、環狀石器等。陶紡輪有扁圓形、算盤珠形、鏡頭形以及球形等。網墜的上部飾有交叉凹槽，底部有一道深凹槽。還見有一定數量的兒童玩具，如雞、豬、馬一類泥塑及仿實用器皿形成的鼎、杯一類小陶器。兒童玩具的出現，生動地反映了當時社會經濟狀況和意識形態的一個側面。它說明當時人們普遍飼養豬、馬、雞等家禽、家畜，喜歡用鼎、杯等生活用具。同時也說明，由於生產發展和生活穩定，人們已有了審美觀點和自己的藝術愛好。遼、金時期的遺物有泥質灰陶片、灰色布紋磚塊、瓷片及北宋銅錢（皇宋通寶、天聖元寶、嘉祐元寶、熙寧元寶等）。

不同時代的文化堆積說明，這個遺址是一個經歷較長時間固定生活的村落。大量的魚骨、蚌殼、動物泥塑、馬骨及其他獸骨的出現，反映了在這個村落居民的經濟生活中，畜牧業和漁業還占相當比重。根據上述這些文化特點推斷，長崗子遺址屬於「漢書二期文化」類型，即青銅文化時期。其年代相當於戰國至漢、遼、金時期，契丹和女真族也在此居住。關於「漢書二期文化」類型的族屬問題，目前學術界有人認為應是古代扶餘族的先世。

老方家遺址

老方家遺址在華僑農場場部駐地（馬家店）西南〇點六公里熊家亮泡南端東側台地上，該遺址南北長 220 米，東西寬 70 米，面積為 28000 平方米，均是耕地。地面散布大量原始文化遺物和遼、金、明、清時代的遺物。有些地方因農田建設或自然造成而暴露出大片紅燒土層。原始文化遺物主要有陶器、骨

器等。陶質可分為類砂褐陶和泥質褐陶兩種，前者較多。陶色多呈紅褐色、黃褐色，也有灰褐、黑褐色。夾砂褐陶主要製作鬲、鼎、盆、罐等較大器物，器表或足部多飾繩紋。泥質褐陶多用於製作碗、缸、缽、杯等小器物，表面打磨光滑。三足器鬲的數量較多，鼎極為少見。遺址內還見有陶紡輪、器座、骨錐、綠松石扁墜、兒童玩具小陶魚等。遼、金、明、清的遺物主要是輪製的泥質陶片、瓷器殘片、料珠飾物、銅錢等。

　　老方家遺址的內涵，由於沒有發掘，難以做出準確的推斷。僅據調查和採集標本來看，此遺址的原始文化應屬「漢書文化」類型。一九七四年，吉林省博物館考古隊和吉林大學歷史系考古專業師生在大安市月亮泡附近的漢書大隊發掘了一處原始文化遺址。根據地層關係把遺址分成上下兩個不同的文化層，其下層文化遺存定名為「漢書一期文化」；上層定名為「漢書二期文化」。經碳 14 測定，「漢書一期文化」相當於商周時期（西元前 16 世紀至西元前 456 年），「漢書二期文化」相當於戰國至漢（西元前 456 年至西元前 206 年）。根據上述器物方面的推斷，老方家遺址的年代應比「漢書二期文化」要早一些；而與「漢書一期文化」相比，其時間應略微晚一些。可能是「漢書一、二期文化」的過渡性文化類型。

陶賴昭俄式建築群遺址

　　陶賴昭鎮位於扶餘縣城東南約二十公里處，陶賴昭俄式建築群位於陶賴昭火車站附近，屬東清鐵路附屬設施，共有七座，分別是鐵路俱樂部、鐵路水道、鐵路工區、鐵路電報所、鐵路職工住宅、水樓子、陶賴昭火車站。二〇一三年九月二十五日，被省

▲ 鐵路電報所

村落民俗志第六調查組發現。

　　陶賴昭就是這條鐵路上的一個重要折返站，建成於一九○一年，站名陶賴昭。陶賴昭為滿語，也作圖類州、圖列州，意為豆子崗，按蒙語翻譯為兔子崗，不符合蒙古族習俗，係謬傳。

古城址

　　扶餘境內已發現的古城址有十七處，其中最大者為伯都古城。

伯都古城

　　伯都古城位於老扶餘縣城北 12.5 公里的伯都鄉所在地東南 200 米處。所處地勢較為平坦。古城東、南、西是平原，東北部有東南—西北走向的漫崗。古城西距第二松花江 4 公里，城西 240 米是扶餘——伯都公路。古城呈方形，方向 355°，夯土版築，城牆周長 3132 米，牆高 2 至 3.5 米，上寬 3 至 4 米，基寬 14 至 16 米。東牆 709 米，南牆 797 米，西牆 812 米，北牆 814 米。城牆保存不夠完好，有幾處被取土破壞或墾為耕地。有四座城門，西、北門各寬 9 米，東、南門各寬 8 米，各門均有甕城。西、北、東三甕城保存較好。城牆有十九個馬面明顯殘存，馬面間距 60 至 80 米，每個寬 10 至 13 米，伸出長度為 12 至 15 米。東南角樓保存較好，高 3.5 米，從城角中心向外伸出 15 至 17 米。城內現存土台四座，其中最大的一處略呈方形，各面長 62 米，台高 3 米，台表面散布有大量的灰色方形和長方形磚塊、布紋瓦片、蓮瓣紋瓦當和陶瓷殘片等，據反映這裡曾出土有小銅佛。另三處土台較小，分布於大土台之東北、東

▲ 伯都古城址標識碑

南、正南,距大土台約 20 米。西牆外 187 米有一方形土台,破壞嚴重,當地俗稱「點將台」。城內地表散布磚瓦殘塊及陶瓷殘片。一九六三年城內曾出土一件千手觀音銅牌,長方形,正面為觀音菩薩浮雕像,背面陰刻韋馱像。又曾出土銅錢四十餘公斤,有「半兩」「五銖」及北宋錢;一九六七年城西牆外曾出土「五銖」「貨泉」「開元通寶」「景德元寶」「皇室通寶」等銅錢五公斤多。

　　該城為扶餘境內規模最大的古城,屬遼金時期。有考古學者認為,此城為遼代寧江州舊址。

石頭城子古城

　　石頭城子古城在扶餘東部,所在地西距三岔河鎮八華里。古城一帶地勢平坦開闊,局部地方有輕微起伏。會塘溝支流從古城南部流過。古城周圍,土地肥沃,農業發達,村落星羅棋布,一排排紅磚農舍,掩映在綠樹叢中。

　　古城坐落在一塊高出四周約兩米的台地上,城呈矩形,東西長南北窄,方向為 350°,周長 1922 米,東牆長 413 米,南牆長 548 米,西牆長 413 米,北牆長 548 米,北牆保存較好,橫截面呈梯形,上寬 2.60 米,基高 13.50 米,高 2.55 米。於北牆西部,尚存一處馬面,長 15 米,寬 5 米。北牆與西牆相交處,有一隆起的建築台基,是角樓殘跡,西牆殘破不全,牆上坑坑窪窪,高低不平,有多處被人工挖掘的痕跡。西牆殘存最高處約 1.5 米。南牆基本平毀,上有一渠道,東牆蕩然無存,從開闊的農田中,隱約可見一微凸的慢坡。另外,牆基特有的土質土色,尚可呈示原來的牆址所在。城牆土築,未見夯土痕跡。環城有一條護城河,現已淤平,上寬 16 米。

　　城內偏南,有一條東西向的灰土帶,寬約 13 米,長約 300 米。城內北部,還有一條隆起的土崗,崗寬 3 米,灰土帶與土崗上布滿殘磚碎瓦和陶瓷殘片,這兩處遺跡,可能是建築址和街道,城內其他布局尚難以辨識。

　　城內地表遺物極為豐富,灰色方磚,布紋瓦,硬質灰陶片、陶器口沿、白瓷片、醬釉缸胎瓷片、黑釉瓷片等散布於地面。採集的標本有醬釉鯉魚紋瓷

片、免釉瓷碗（殘）、仿定白瓷片、白釉鐵花瓷片、銅錢等。據當地老人說，城裡曾有石皿、古錢、礎石、小磨、盆沿、鐵鍋及鐵箭頭等。一九五八年，出土銅錢約二十公斤。一九八一年出土一面連珠紋人物遊戲銅鏡，一九八二年為省文物普查隊徵集。一九八一年，省文物普查隊徵集一方銅印，印文為「利涉縣印」四字，九疊篆字，此印於城外出土。據調查，城內出土的銅錢，有唐代開元錢，北宋崇寧、大觀、太平，南宋建炎、紹興，金代正隆、大定通寶等銅錢。由此可知此城為遼所建，金代沿用。

該城在「文革」期間遭到嚴重破壞。六〇年代初，南牆尚「呈斜坡狀，殘高二至三米，東牆還有一道小土崗」（1960 年文物資料記載）。而今，南牆已夷為平地，東牆已無法辨識，北牆東端被挖去一段，牆上一棵年逾百歲的老榆也乾枯而死，城的西北角修建了二十七處民房。千年城垣，毀於當代，令人痛心。近年來，有關單位會同當地政府，已對古城加強了管理，城的南牆外，廣植樹木，以保持現狀。高大筆直的北牆上，數棵老榆，枝繁葉茂。保護標牌立於牆上。古城的境遇有了明顯好轉。

《吉林通志》卷十一，沿革志寧江州條認為，石頭城子古城即遼代寧江州。其後，史學界多採此說，但也有的史學家認為寧江州應在伯都古城址。《扶餘縣志（1993 年版）》取後一說，並從時空、規模、文物等方面做了考證。其後，東北史學界對此認識漸趨一致。

一九六一年，吉林省人民政府公布石頭城子古城為省級文物保護單位。

二〇一三年五月，石頭城子古城遺址被國務院確定為第七批全國重點文物保護單位。

古墓葬

　　扶餘境內已發現古墓葬共九處，其中馬家店古墓葬時間最久，屬於漢書文化二期（戰國至漢），其他多屬遼、金時期。出土墓葬品較多的是西山屯金墓。

馬家店古墓

　　馬家店古墓葬在老扶餘縣城北 21 公里處的華僑農場場部所在地漫崗西北部（俗稱馬家店崗子），西距熊家亮遺址 0.5 公里，西南距老方家地遺址 0.6 公里。此漫崗上有兩條東西向沙土土崗，古墓葬就在北崗的西端。

　　一九六四年吉林省博物館曾對此做過調查。一九八二年，全省編寫《文物志》試點培訓班文物普查中，初步確認為古墓區。墓區範圍東西 250 米，南北 200 米，古墓多已遭到破壞，由於多年在此取用沙土，墓區大部分變成沙坑，在沙坑中見到少量繩紋及壓印紋陶片、陶鼎足、陶耳、陶器口沿等。在一處取土斷面上發現一墓葬，並做了簡單清理，此墓葬為坑豎穴墓，只剩北側一部分，墓中僅存在右腿骨。從斷面上測定，耕地層為 0.2 米，其下為沙土層，墓坑距地表約 0.3 米。東西向 70°。墓口長 2 米，墓第 1.9 米，人骨頭東腳西，仰身直肢葬，無葬具，也沒發現隨葬品。根據此地文化遺物推斷，該墓區採集的遺物與熊家亮遺址的遺物相似，亦應屬於漢書二期文化類型。由於從地理位置上墓葬區距熊家亮遺址只有 0.5 公里，據當地群眾反映曾挖出許多人骨，可能是與熊家亮遺址有關的原始居民墓地。

西山屯金墓

　　更新鄉位於扶餘東部，與雙城市隔河相望。台地坎蜿蜒曲折，於鄉的中部由西北向東南穿過。西山屯坐落在鄉政府所在地北 1.5 公里台地坎的邊緣。墓在村東坎下的一塊平地上，距村約 200 米。墓地居中，其東為廣闊平坦的河灘

草場，地勢依山臨水，景色宜人。

　　一九五八年七月，該墓被村民發現，縣文化局隨即做了妥善處理。一九六〇年夏天，白城地區文物普查隊做過調查。一九六二年六月，省博物館派專人進行調查，其後，將整理的材料發表（匡瑜：《吉林省扶餘縣的一座遼金墓》載《考古》1963 年第 11 期）。

　　此墓為長方形土坑石槨木棺墓，墓向 330°，封土呈錐形。石槨用花崗岩石板砌成，石灰勾縫，全槨共用十塊石板，蓋與底各三塊，長 1.4 米、寬 0.8米、厚 0.2 米。四側各立一石板，作為槨之四壁，東西兩側長 2.4 米、寬 0.84米、厚 0.22 米；南北兩牆長 1.4 米、寬 0.23 米，所用石板加工較細緻，周邊整齊。石槨內木棺已腐朽無存。此墓為單人墓，頭側向東，仰身直肢。骨骸大部分腐爛。隨葬品有鐵斧、鐵鉗、鐵錘、鐵鍋、鐵刀、木桿鐵箭、鐵鉤等生產工具、武器和生活用具。出土一枚「開元通寶」銅錢。隨葬品還有一條金扣玉帶和一對金環及一件金裝飾品。金扣玉帶由金扣一、金環一、玉蛇尾、五銙十八金釘六十八枚組成。金扣上飾忍冬草花紋，下襯珍珠紋地，內側素面。玉有扁平長方形和扁平桃形兩種，皆為白玉。隨葬品現藏於省博物館。

　　此墓既有木棺，又有石槨，隨葬品豐富，金扣玉帶令人矚目，這些都具有較高的學術價值。根據眾多隨葬品的分析，此墓是金代的墓葬，但其形制與以前所見的金墓不同。這些隨葬品，尤其是金扣玉帶和金裝飾，為研究金的官制、服飾以及金玉製造工藝，提供了極為寶貴的實物資料。

其他墓葬

　　一九八八年六月十日，在扶餘油庫門前，臨江街排水溝發現兩座明代墓葬，博物館當即進行了搶救性清理，徵集了全部器物。一九九二年五月，吉林油田建設公司機磚廠內發現了古墓群，吉林省文物考古研究所抽調原白城地區各縣市文物幹部十餘人，對古墓群進行了科學挖掘，清理墓葬七十三座，出土器物近千件，其中僅瓷器就有三百餘件，收穫遺存豐厚。

一九九三年五月十三日，博物館全體人員對朝陽鄉后土木村東一古墓進行了搶救性清理，並在該村徵集了紅衣陶壺、陶碗、陶杯等器物。

▎遺存古碑

　　扶餘境內歷代碑刻不少，但保存完好僅存四塊，即「大金得勝陀頌」碑、巴英額墓碑、太陽廟碑和清標彤管碑。

「大金得勝陀頌」碑

　　位於境內得勝鎮石碑村東坎下一點五公里處，是一九六〇年第一批公布的吉林省重點文物保護單位，一九八八年升格為國家重點文物保護單位。此碑係金世宗完顏雍（金太祖之孫）於大定二十五年（1185 年）為紀念金太祖完顏阿骨打在此誓師反遼，終獲勝利而建的紀功碑。拉林河沿岸沖積平原和坎上坎下地帶，發現許多女真族生活、居住、狩獵遺址。出土有生活、生產文物，其中包括鍋、鐙、刀、箭等鐵器。從出土文物、考古調查和文獻記載一致表明：拉林河流域，長期以來是女真族生活、游牧、狩獵的地方。女真族健兒經常乘馬渡江，活動在拉林河兩岸，對這裡的地形、交通和周圍環境十分熟悉。完顏阿骨打在發動重大的反遼起義時，選擇在這裡聚集兵馬，誓師出擊寧江州絕非偶然，是有其長久的歷史背景和經過深思熟慮的戰略眼光的。石碑所立處環境十分險要，西面由橫貫南北高達五六十米的弓形斷崖所環抱形成天然屏障。得勝陀即為斷崖與拉林河所夾沖積平原中一慢坡形土崗上高約兩米的橢圓台地。斷崖陡峭險阻，拉林河交通便利，河谷平原一望無際。水草豐茂，便於隱蔽，地勢險要利於攻守，實為興兵創業之要地。至今憑地遠眺，猶可想見當年的金戈鐵馬、刀槍林立的雄偉陣容和一呼群應、聲震山河的誓師場面。石碑附近常有刀槍、箭鏃、鐵鍋、馬鐙等物出土，大有古戰場遺風。因完顏阿骨打誓師時，曾在此土崗上立馬號眾，因而碑立此處。

　　石碑全高三點二米，由首、身、座三部分組成。碑首正面刻有「大金得勝陀頌」六個篆體字，六字二行，為金代文人、書法名家党懷英手筆。碑身正面刻漢

字碑序和頌詩三十行，計八一五字，最長一行七十九字。前部分追述了完顏阿骨打在此地集聚兵馬、傳梃誓師的經過，後部分介紹了建碑的原委和頌讚帝業長久的四言駢體詩文。文字簡練，順理成章，大量引用了中國古代歷史傳說和漢唐等皇帝故事。當然不免帶有封建君權神授色彩和褒獎溢美之詞。碑身四周雕飾蔓草紋。碑身背面刻有女真大字，碑額十二字，碑文三十三行，一五〇〇餘字。羅福頤《滿洲金石志》所收較全，《吉林外記》僅記錄十二行，但由於它的首次記載和披露，引起了中外學者對此碑的注目、重視和研究。兩種文字對照。無刻工姓名。碑身下有龜趺碑座，高七十二釐米，寬九十七釐米，長一六〇釐米，重千餘斤。這種龍首龜趺座的形制顯然是繼承了唐宋以來碑刻的風格。

正面漢字碑文，由於年代久遠，風雨剝蝕嚴重，被斷為三折，有些字已不完整，所以給整理碑文帶來很大困難，碑文見諸文獻記載的有薩英額《吉林外記》、李桂林《吉林通志》、羅福頤《滿洲金石志》、張其軍《扶餘縣志》、盛京時報社《東三省古蹟遺聞續編》《吉林省歷史概要》、日文《滿洲金石志稿》《金代的史蹟》等書，吉林省博物館也整理過，現存省博物館展廳。

附：「大金得勝陀頌」碑漢字碑文

大金得勝陀頌並序

奉政大夫充翰林修撰同知　制誥兼太常博士驍騎尉賜緋魚袋臣趙可奉敕撰

儒林郎咸平府清安縣令　武騎尉賜緋魚袋臣孫侯奉敕書丹

承直郎應奉翰林文字同知　制誥兼充國史院編修官雲騎尉賜緋魚袋臣党懷英奉敕篆額

得勝陀，太祖武元皇帝誓師之地也。臣謹按實錄及「睿德神功」碑云：太祖率軍渡淶流水，命諸路軍畢會，太祖先據高阜，國相撒改與眾仰望，聖質如喬松之高，所乘赭白馬亦如崗阜之大。太祖顧視撒改等人馬，高大亦悉異常。太祖曰：「此殆吉祥，天地協應吾軍勝敵之驗也！諸君觀此，正當戮力同心。若大事克成，復會於此，當酹而名之！」後以是名賜其地云。時又以禳繪之法

行於軍中，諸軍介而序立，戰士光浮萬里之程，勝敵刻日，其兆復見焉。

大定甲辰歲，鸞輅東巡，駐蹕上都，思武元締構之難，盡孝孫光昭之道，始也。命新神御，以嚴穆穆之容；既又俾刊貞石，以贊暉暉之業。而孝思不忘念所，以張閎休而揚偉跡者，蓋有加而無已也。

明年夏四月，詔以得勝陀事訪於相府，謂宜如何？相府訂於禮官，禮官以為，昔唐玄宗幸太原，嘗有「起義堂頌」；過上黨，有「舊宮述聖頌」。今若仿此，刻頌建宇以彰聖蹟，於義為允。相府以聞，制曰：「可。」

臣可方以文字待罪禁林，然則頌成功，美形容，臣之職也。敢再拜稽首而獻文曰：

遼季失道，腥聞於天。乃眷東顧，實生武元。
皇矣我祖，受天之祐。恭行天罰，布昭聖武。
有卷者阿，望之陂陀。爰整其旅，各稱爾戈。
諸道之兵，亦集其下。大巡六師，告以福禍。
明明之令，如霆如雷。桓桓之士，如熊如羆。
先是太祖，首登高阜。靈貺自天，事駭觀睹。
人仰聖質，凜如喬松。其所乘馬，崗阜穹崇。
帝視左右，人馬亦異。曰此美征，勝敵之瑞。
諸君勉之，往無不利。師勝而還，當名此地。
神道設教，易經著辭。厭勝之法，自古有之。
我軍如雲，戈甲相屬。神火焰焰，光浮萬燭。
天有顯道，厥類惟彰。國家將興，必有禎祥。
周武戎衣，火流王屋。漢高奮劍，素靈夜哭。
受命之符，孰云非貞。咄彼宗元，遂誣尚明。
得勝之祥，如日杲杲。至金遺老，疇弗樂道。
聖今天子，武元神孫。化被朔南，德侔羲軒。

眷言舊邦，六飛戾止。六飛戾止，江山良是。

念我烈祖，開創之勤。風櫛雨沐，用集大勳。

聖容既新，聖功即高。永克厥志，以為未也。

惟此得勝，我祖所名。詔以其事，載諸頌聲。

文王有聲，通駿有聲。潤錄祖業，惟時聖明。

帝王之符，千載合契。配姬與劉，詔於萬世。

大定二十五年七月二十八日立石

此碑立後夏迎風雨，冬披雪霜，於清道光初年尚完整。至清光緒三十年（1904 年）夏，展設黑龍江電線時，曹廷傑曾親自至伯都訥，「見斷碣臥荊棘中，其文被風霜剝蝕，不及道光三年吉林堂主事薩英額記錄之全。愛手拓數分」，是為碑文拓片之先者。《扶餘縣志》（1924 年張其軍本）也記載：「清初不知何以折斷、遂橫倒地上，污以風雪雨泥，幾不可辨。附近耕地農夫每之磨鋤或坐其上而話桑麻。」一九一五年（中華民國四年），扶餘縣知事孔憲熙巡視縣境，始發現碑石折半，傾臥荊棘叢中，已被風雨剝蝕。孔氏遂命人重新豎接，補其破損，並建豎碑亭保護。為志此次豎接修建活動，於碑亭處另立有花崗岩石碑一座，上鑴刻縣知事孔憲熙撰文、郝文濂（字孟溪，當時任扶餘視學）書丹紀念文字一篇（因字跡不清現已難辨全貌）。立石之外，另有郝文濂撰《建修得勝陀頌碑亭序》一文，收在張其軍之《扶餘縣志》中。扶餘解放前夕，碑亭已毀歿無存。

1961 年 4 月，該碑被定為省重點文物保護單位，政府撥款重建碑亭，亭高四點五米，每邊長三米，碑在其中，前後設兩敞門。六〇年代末七〇年代初碑亭被毀壞，碑毀三折。1975 年，省政府撥款先修築鋼筋水泥護欄，周長六十米，高二米，正面鋼筋門欄。1977 年省政府再次撥款，用現代化學藥物，將殘碑三段黏接復原。為防止碑石風化，又用封護劑塗於其表。因碑地處引拉工程河堤畔僅五十米之距，恐日久水浸台基，有損碑壽，1982 年省政府第三

▲「大金得勝陀頌」碑亭與完顏阿骨打像

次撥款七萬元，於 1983 年 5 月至 9 月，修築了石礎護坡，重建碑亭，並立標誌座，座上有黑色大理石陰刻隸書金字標誌牌四塊，由邊文源書丹。1987 年，報請該碑為國家重點文物保護單位。2008 年，扶餘縣委、縣政府研究決定，成立「大金得勝陀頌」碑管理委員會，劃定保護區，投入資金八百萬元完善保護區的基礎設施，修建了遼金陳列館、三層八角碑亭、阿骨打銅像等景點設施。陳列館占地面積 1000 平方米。碑亭占地面積 144 平方米，建築面積 331 平方米，鋼筋混凝土結構，三層八角，亭基為漢白玉須彌蓮瓣座，直徑 12 米，象徵金代一百二十年，九步台階象徵金九代帝王。亭高 25.92 米，黃銅鑄頂。遊人可以從一層進入，直通亭頂，登高望遠，一覽保護區風光。

這座女真建國紀功碑佇立在祖國北方原野，經歷了八百個寒暑，閱盡人世滄桑，不僅記錄和介紹了金代開國者的創業生涯，也是女真人民反抗鬥爭勝利的紀念，同時也雄辯地說明了中國歷來就是個統一的多民族國家，各民族共同

開發建設了祖國的北疆，創造了燦爛的中華文化，譜寫出偉大祖國的悠久歷史。珍貴的石刻說明漢字在女真文字創製前後，一直是中國金代各族人民的通用文字，因此刻在女真建國紀功碑之首，碑文中大量引用中國古代傳說和漢唐皇帝故事，這有力地證明了漢族作為中華民族的主體民族，其語言文學、歷史文化風俗有著巨大的內聚力，對於中華民族大家庭的形成和發展有著不可磨滅的卓越貢獻和不可動搖的歷史地位。這對所謂女真文化「特殊」說法是強有力的批駁，因此更增加了研究此碑的意義。

巴英額墓碑

該碑一九八六年發現，為扶餘籍滿族愛國將領巴英額墓碑。此碑為青石刻製而成，通體呈長方形，碑額、碑座已無存。碑身高 160 釐米、寬 74 釐米、厚 21 釐米。碑文大部分清晰，主要介紹巴英額家世、經歷和功績。郭則澐撰文，張虔書丹，馬忠駿篆額。

太陽廟碑

太陽廟碑共兩塊碑身，碑座、碑額各一，均在扶餘一中禮堂北側。此處原為太陽廟舊址，太陽廟被毀後，扶餘一中用其建築材料修建了學校禮堂。兩碑情況如下：其一高 204 釐米、寬 85.5 釐米、厚 28 釐米。碑正面為正中陰刻大字楷書「千秋永固不朽」六字；周圍四邊為 10 釐米寬的紋飾，上邊紋飾為一隻蝙蝠和卷雲紋組合，左右兩邊各兩隻蝙蝠和卷雲紋組合，底邊紋飾為蓮花、蓮花組合圖案。此碑背面均為陰刻楷書文字，無圖案。文字內容為「茲將修廟諸經立會各芳名刊後」及「修廟發起」和「監造」數百人名。其二高 203.5 釐米、寬 86.5 釐米、厚約 30 釐米。碑正面周圍四邊為紋飾圖案，上邊紋飾不清，左右兩側為二龍戲珠紋飾，底邊紋飾為鯉魚躍龍門並蝦、蟹及水紋圖案。碑正面文字均為陰刻楷書，上款為「扶餘縣修建太陽廟及設立慈善會碑記」，中間為碑記正文，下款為「滿洲國康德十年谷旦哈市博濟慈善會扶餘縣分會黃福年謹撰」，吉林省立第六中學校校長范國財敬書立。

清標彤管碑

▲ 清標彤管碑

一九八一年從扶餘鎮文化街工廠徵集，現藏扶餘市博物館。碑身高一點九一米，寬○點六七米，厚○點二三米。正面上款文字為「歲次大清光緒二十一年時屆癸未三月男劉芳孫桂停林泐建」，下款為「特授伯都訥為防巡政廳郭家樹敬書」，行款均為陰文楷書。正中為雙勾大字楷書「清標彤管」四字。背面碑文為候補訓導高凌雪為其友人劉芳之母撰寫的貞節頌文。

此碑雖為表彰劉芳之母貞節行為，宣揚封建禮教而立，但為我們研究當時封建禮教、社會風俗等方面提供了實物資料。對於研究扶餘歷史沿革建置，此碑是目前所發現唯一的實物佐證。

紅色景址

扶餘烈士陵園

　　為紀念在解放戰爭中光榮犧牲的東北民主聯軍第三師二十八團指戰員，扶餘縣政府於 1946 年 8 月 25 日在松花江畔（東鄰縣醫院，西鄰麵粉廠，北鄰電影院），修築烈士墓、紀念塔各一座。1951 年，以紀念塔為中心闢「烈士陵園」。1952 年，又在園內建築一座烈士紀念碑。陵園共占地 74000 平方米。栽植各種樹木約 2 萬株，並築有供遊人小憩的涼亭。園內氣氛莊嚴肅穆，每年清明，學校師生皆來掃墓，緬懷憑弔革命先烈。1995 年 12 月縣區分設後，原扶餘區烈士陵園劃歸寧江區。

▲ 陵園內的梁士英烈士紀念碑

　　恢復縣制後，三岔河鎮烈士陵園更名為扶餘縣烈士陵園。2003 年，扶餘縣移址新建烈士陵園，2004 年 8 月 13 日落成。

▲ 革命紀念館

新陵園位於扶餘大街東、市委辦公樓北約 800 米處，占地面積 39000 平方米，園內建有革命烈士紀念碑一座、梁士英烈士全身塑像一尊、無名烈士紀念碑一座、烈士墓群一處，扶餘革命紀念館坐落在園內。園內所有路面和場地都用彩色水泥方磚鋪設，其餘部分用樹木和花草美化，環境十分優美，實現了陵園、公園一體化。2006 年 7 月，扶餘烈士陵園被省委、省政府批准為省級愛國主義教育基地。2007 年 10 月，向省委申報了省級黨史教育基地。

另有陶賴昭鎮、五家站鎮兩處烈士陵園和分布在各鄉鎮的 21 處烈士墓。

扶餘火車站（原三岔河火車站）

我黨早期活動遺址共有兩處，一為三岔河火車站，一為陶賴昭火車站。

1934 年 1 月，中共滿洲省委派人來到三岔河，開展黨的地下工作並成立三岔河支部，主要任務是為中共滿洲省委蒐集和傳遞敵偽情報，在群眾中進行抗日宣傳，擴大中國共產黨的影響。而三岔河火車站便成為支部進行革命活動最頻繁的地方。如今，除了火車站候車室北 30 米的日偽時期關東軍所建水塔外，其他原有建築已難尋其蹤。

▲ 三岔河支部舊址

▲ 現今的扶餘火車站

陶賴昭火車站

　　位於陶賴昭鎮政府東南約一百米處，這裡曾是我黨早期在中東鐵路沿線活動的重要樞紐。一九三二年初，根據黨組織的指示，張義堂（字瑞林），經呂清潭介紹入黨後，以中東（中長）鐵路特別區陶賴昭警察派駐所巡長的身分，積極開展革命活動。同年三月，經滿洲省委同意，中共哈爾濱特委派王立德來陶賴昭，組建了中共陶賴昭特別支部，張義堂任書記。此後陶賴昭火車站便成為支部進行革命活動最頻繁的地方，為陶賴昭支部與哈爾濱特支保持密切連繫作出重大貢獻。現在，陶賴昭火車站經多次改建，面貌一新，已找不到當年的影子。

▲ 陶賴昭火車站

非物質文化遺產

　　根據《國務院辦公廳關於加強中國非物質文化遺產保護工作的意見》和省、市關於非物質文化遺產保護工作的安排部署，扶餘縣成立了非物質文化遺產保護工作專家組，在經過諮詢、論證、評審和多次研討後申報。被批准列入市級以上非物質文化遺產目錄的項目有四項：被列為省級一項，增盛永酒業釀造技術，類別屬於傳統手工技藝，傳承人王志遠。被列為市級的三項，一為剪紙，類別屬於民間美術；二為牛氏正骨，類別屬於傳統醫藥；三為李氏湯鍋，類別屬於民間飲食。

增盛永酒業釀造技術

　　增盛永酒業有限公司位於吉林省扶餘市增盛鎮，坐落於美麗的松花江畔，是一家遠近聞名，有著百年悠久歷史的白酒釀造企業，公司面積二萬平方米，年產優質白酒近千噸。企業的前身是創建於百年以前的「增盛永燒鍋」。

　　「增盛永」白酒的淵源十分久遠，其創始人為名冠東北、號稱吉林省第二

▲ 增盛永酒窖

號大財主的韓氏家族。據《扶餘文史資料》記載：「韓惠銘者，山東福山人也。清咸豐年間，朝廷有人奏請慈禧太后，欲將山東百姓向東北松遼平原遷移。惠銘遂率其弟經煙台橫渡渤海，來到東北奉天（現瀋陽），合家墾荒勞動，幾經艱苦，方始門楣粗立。同治年間（一說光緒年間），韓氏家族為

生活計，橫渡松花江，遷到了今扶餘市增盛鎮（原西荒），這裡地廣人稀，是個發家致富的好所在。韓氏家族便決意在此落戶。」

一天，韓氏家族的後人韓學文之妻李氏，抱著兒子站在當街，恰遇劉家曾祖路過，李氏見遇到姓「劉」的，高興地叫住他，熱情上前施禮認了親，取其「留住」吉祥之意，乳名叫「留（劉）增」，意即「能留住，增加財富」。

當年，中東鐵路尚未修建，糧食運不出去，朝廷主張就地解決，獎勵開燒鍋，四百垧煙火地不繳納租稅。韓學武（韓惠銘次子）見此可發大財，便去求助七井子仲連三（韓氏姑爺，人稱仲二老爺），讓他出面集股請大戶，準備先開一個小醩。

仲連三為岳丈請了十個大戶，每戶攤十石高粱，韓學武得了這筆資本以後，便興致勃勃地開起了小醩。那時，韓桂章（韓惠銘之孫，即「留增」）還小，但長得十分結實、聰敏，叔父韓學武有意培養他成器，十分鍾愛他，將他的乳名演繹成「增盛永」為小醩的商號。這便是「增盛永」字號的由來。

「增盛永」燒鍋共有兩個甄房，每個甄房七個工人，每班上料五石高粱，燒一千多捆秫秸，出四百多斤燒酒。韓桂章為鼓勵夥計多出酒，規定出五百斤酒，獎勵一口豬。每年五月節前做麴子，麴子房雇四十多個夥計，用糧六十多石，可出六千多塊麴子。

▲ 百年古井

▲ 日增月盛

　　韓桂章深諳經營之道，見僅「增盛永」一處燒鍋，遠不能滿足能力的施展，逐漸將「增」字號擴展到十四處：扶餘縣有增盛永、增盛謙、增盛福、增盛怡、增盛慶、增盛全、增盛茂、增盛厚和增盛衡；雙城縣有增盛春、增盛興；肇州縣有增盛昌、增盛和；哈爾濱有增盛通等等。

　　據當時見證人講，凡有一個「增」字號，必有幾處分號，分布在東北各省市。當時，因為「增」字號牌子亮，一些貪利的小本經營者也慕名打起「增」字號招牌。所以，在東北，「增」字號幾乎星羅棋布。

　　能讓「增盛永」白酒遠近聞名的最主要原因，除獨特的工藝、優質的原料外，最主要的原因是有一口釀酒專用的百年井泉。據史料記載：當年名震東北的韓氏家族，其發家就源於一口甜水井，用該口井水釀製的白酒最大特點是綿甜甘洌、香氣撲鼻，其他燒鍋難以望其項背，正是這口具有傳奇色彩的百年井泉，才成就了一代名酒「增盛永」。近百年來，增盛永白酒經幾代釀造人傳承，始終以散裝形式對外銷售。一九九〇年，增盛鎮政府將用此井水釀製的「紅糧好酒」以瓶裝方式，推向市場，一時間出現了供不應求的火爆局面。為使「增盛永」這一民族工業的瑰寶得以世代流傳下去，二〇〇〇年，民營企業家王志遠對原酒廠進行了擴建、改造，引進國內先進的釀酒設備，高薪聘請「增盛永」白酒釀製傳人，實現了原始的釀酒技術與現代工藝的有機結合。

　　為確保酒質純正，增盛永酒業不惜投放巨資，先後從民間收回原「增盛永」貯存產品專用的、每口可貯存十噸的酒海十口；從江蘇宜興購入酒甕幾百

個；特大酒罐五十多個，可貯存白酒近千噸。「增盛永」系列白酒現已通過ISO9001 國際質量體系認證，企業被評為國家 AAA 級誠信企業，產品被評為「松原名牌」產品，增盛永品牌被評為「吉林省著名商標」，釀造工藝列入「吉林省非物質文化遺產」名錄。

▌旅遊景觀

　　扶餘地方歷史悠久，文物古蹟眾多，旅遊資源豐富，有繞境的第二松花江、松花江、拉林河。在今扶餘市東部，有秀美的珠爾山，國家級重點文物保護單位「大金得勝陀頌」碑，國家級重點文物保護單位石頭城子古城遺址，萬善石橋，以及三清宮、三山寺、慈雲寺、圓通觀等。

　　區縣分設初期，扶餘的旅遊業處於原始的自然狀態，對旅遊資源缺乏有效的開發和管理，旅遊公路不暢通，服務設施不健全，缺乏配套，景區、景點沒有得到充分的利用。二〇〇六年初以來，旅遊業迅速發展，成為一項正在崛起的新興產業；地方的旅遊文化，也正在旅遊業的發展中逐漸形成。

大金碑濕地旅遊區

　　大金碑濕地旅遊區位於吉林省扶餘市得勝鎮（原伊家店鄉）石碑崴子村東一點五公里的拉林河畔，距松原市區七十公里，距扶餘城區七十五公里，總面積二千公頃，現為國家 A 級景區，是集旅遊、考察、休閒為一體的綜合性旅遊區。

　　景區整體規劃面積十二平方公里，其中核心區面積二平方公里。這裡依山傍水，景色宜人，有濕地面積十平方公里。自景區開發建設以來，始終把握「文物保護與自然保護相結合、生態旅遊與宗教文化旅遊相結合」的開發思路和功能定位，不斷加

▲ 遼金陳列館

▲ 甕泉山景區一景

▲ 漁獵湖

▲ 龍眼湖

▲ 女真湖

▲ 金太祖湖

▲ 得勝陀湖

大建設投入力度，旅遊功能不斷完善。景點主要有甕泉山、「大金得勝陀頌」碑、遼金陳列館、引拉灌區水庫、濕地、三清宮、三山寺等。其中「大金得勝陀頌」碑立於金世宗大定二十五年（西元 1185 年），距今已有八百餘年。是金代第五世帝王完顏雍為紀念其祖父金太祖完顏阿骨打興兵反遼而立，碑正面漢字碑文與背面女真碑文完全對譯，碑文概括了女真人首領完顏阿骨打興金反

遼的歷史，是研究女真文字和遼金歷史的珍貴實物資料，具有重要的歷史、文物價值。

大金碑濕地旅遊區自然旅遊資源非常豐富。甕泉山環繞在石碑水庫的周圍，山水相依、風景如畫。經過不斷開發和建設，甕泉山旅遊區將以金文化為主打品牌，逐步建成綜合服務區、女真民俗區、金源文化區、女真軍營文化區、水上活動區、宗教文化區、濕地觀鳥區，成為遊人休閒觀光、節日旅遊的好去處。

珠爾山旅遊度假區

珠爾山旅遊度假區係國家 A 級旅遊景區，位於扶餘市蔡家溝鎮境內，經長餘高速公路、102 國道、京哈鐵路可達。旅遊區距松原市區一二○公里，距扶餘城區十八公里，是集遊覽、觀光、休閒、度假為一體的綜合性旅遊度假區。

珠爾山旅遊度假區總面積十平方公里。度假區內，珠爾山與拉林河山水相依，山上林海松濤，河水碧波萬頃，慈雲古寺香火旺盛。自開發建設以來，始終突出「宗教文化、休閒度假」的特色，旅遊功能不斷完善。核心區集中了三野文化（野炊、野浴、野營）、冰雪文化（冰上運動、雪上運動、冰雪藝術、冰雪娛樂）、生態農業文化（傳統農耕、休閒健身、科普教育、現代農耕）、飲食文化（民族風情、漁村樂園、農家樂園）、宗教文化（廟會、宗教節日慶典）等五大旅遊項目。

▲ 秀美珠爾山

▲ 珠爾山與拉林河相依相伴

沙洲森林公園

沙洲森林公園為國家 A 級旅遊景區，位於扶餘市增盛鎮，西距松原市區約 55 公里，規劃總面積 1428 公頃，其中水面面積 169 公頃，東連新站鄉，西鄰哈達山鎮，南瀕第二松花江，北接三井子鎮，與核心城鎮連繫便捷，交通條件較好。

公園所在地的地質構造上屬亞洲東部第二沉降帶中的松遼沉降盆地的東部隆起部位。森林公園區域內地勢呈壟崗狀起伏，海拔大致為 140 米至 250 米，相對高差在 15 米至 110 米之間，地形為沖洪積平原。土壤類型為草甸土和沙土。第二松花江流經沙洲森林公園南側，由東南流向西北，在公園內流程約為 5250 米，河槽寬約 750 米至 950 米，年平均徑流量為 409.5 億立方米，汛期在 6 月至 9 月。公園所在地區屬東部中溫帶季風氣候區，四季分明，天然植被類型為沙丘稀疏林草原。植被為天然次生林和固沙草本植物。森林公園內木本植物有楊、樟子松，此外還有黃榆、山杏、沙柳、蒙古櫟、榆、桑、山裡紅等。森林公園內主要野生動物有東北兔、綠頭鴨、鵪鶉、烏鴉、麻雀等。天然魚類品種較多，主要有草、鯉、鯽、泥鰍、鱸魚等。森林公園內有農田防護林、松花江、森林等多種景觀類型。

▲ 沙洲森林公園

松花江度假村

松花江度假村屬國家 AA 級景區，位於扶餘市陶賴昭鎮境內第二松花江北岸畢家店，緊靠國道 102 線，距扶餘市城區 20 公里，距德惠市區 40 公里。總

占地面積 1010 多公頃，由瀋鐵松原三江港實業集團有限公司管理。松花江度假村前身是「江山度假村」，由瀋陽鐵路局春鐵集團公司承包給個人管理。二〇一一年瀋陽鐵路局為帶動松原市地方經濟，發揮地域優勢，促進旅遊業發展，調整管轄權限，由瀋鐵松原三江港實業集團有限公司接管，成立松花江度假村旅遊區。這裡交通和區位優勢明顯，是松原市和瀋陽鐵路局旅遊業重點開發項目。

▲ 荷花池

松花江度假村園區的天然林內生長二十多種珍稀樹木，幾十年來生長良好，原始狀態保存完整，蒼松翠柏，鬱鬱蔥蔥，是天然的氧吧，幾十種鳥類棲息於此。景區內沙丘綿延、溝壑縱橫、水塘連片、河汊交錯、山花爭豔、松鼠嬉鬧、蛙聲陣陣、百鳥爭鳴，還有聞名遐邇的橡子山和百年神榆。每當春夏來臨，橡子山上萬

▲ 江邊吊橋

▲ 江邊游泳場

物復甦，上百種野花競相開放，爭奇鬥妍。百年老榆樹，以其奇、秀、異而令人歎為觀止。盛夏時節，橡子山腳下的荷花接天映日，分外妖嬈。山下可以泛舟松花江上，江裡野生魚種類繁多，魚塘星羅棋布，在此垂釣、游泳、泛舟其

樂無窮。茅草屋內的農家鐵鍋燉江魚，令遊人大飽口福。現正在完善基礎設施建設，重點完成綜合服務區、水上遊樂區、休閒度假區的建設。綜合服務區有客房 100 多間，1000 平方米的餐廳可供 500 人同時就餐。建有 2 萬平方米荷花池、靠近江邊 300 多米懸浮吊橋、12 個近 12 萬平方米魚塘、6 萬平方米四面環水珍禽島、遊船娛樂場供遊人嬉戲。園區內是集風光觀賞、休閒垂釣、品味美食、會議接待於一體的休閒娛樂場所。

石頭城子古城遺址

　　石頭城子古城遺址屬聚落與廢城遺址旅遊類型，位於扶餘市新城局園區石頭城子村，距扶餘城區 3 公里、102 國道兩公里處，交通十分便利。遺址是遼金時代的古城，毀於戰火。石頭城子古城屬遼金時期重要的文化遺址，已經有 900 多年的歷史，是國家級重點文物保護單位。整個古城呈長方形形態，方圓大約有 25 公頃。現在古城四周留有城牆，城牆保留完整。但古城內已被當地居民開發利用為農田。

在古城遺址挖掘出土了許多具有很高考古價值的文物，從生活用品到生產工具，從建築物件到裝飾品，從兵器到貨幣，還有宗教器物等，應有盡有。既有遼金兩代契丹、女真族本地人民生產的器具，也有來自中原地區宋朝的

▲ 石頭城子古城遺址現已成功申報國家級重點文物保護單位

比較先進的物品，充分反映出石頭城子古城當年的繁榮昌盛，它不但是遼金兩代的軍事重鎮，同時也是遼金的經濟、文化活動中心之一。

松花江中東鐵路橋遺址

修建於十九世紀末二十世紀初的中東鐵路，對扶餘近代政治經濟產生了巨大的影響。

中東鐵路是沙俄經濟侵略中國東北，為攫取東北物資所修建的一條掠奪性質的鐵路。整個鐵路分東西、南北兩條線，東西走向的鐵路西起滿洲裡，東到綏芬河線為幹線；南北走向的北起哈爾濱，南到旅順口，稱南滿支線。

▲ 中東鐵路橋遺址

中東鐵路陶賴昭松花江大鐵橋，是南滿支線上一座非常重要的鐵路橋。一九〇三年由俄國人建成全線通車，一九三五年南滿支線經營管理權劃歸日本。當年，無論是扶餘民眾配合中國共產黨抗擊日本侵略者，還是解放戰爭中三大戰役的遼瀋戰役，大鐵橋都是見證那段歷史的烽火前沿陣地。這座大鐵橋既是列強帝國侵略中國的實物證據，也是中國橋梁建築史上具有典型歐洲風格的一座百年大橋。

這座大橋橫跨松花江，整個橋梁的十六個橋墩都是用從長白山運輸來的長條大青石砌築而成，橋梁是鋼鐵架構，氣勢如虹。這座大鐵橋是戰爭年代修建的，所以戰爭防禦功能非常強，整個橋身還非常堅固。橋旁現有一堆混凝土廢墟，原是一九三五年日本侵略者修建的橋頭堡，三層高，從廢墟上我們可以看出這個橋頭堡的牆壁非常厚，非常堅硬。遺憾的是二〇〇六年被炸燬，只剩下這一堆廢墟，橋頭右側也有一座同時修建的橋頭堡，一起被炸燬了。保護並開發利用松花江中東鐵路橋，對緬懷歷史、教育後人具有十分重要的現實意義。

官地泡濕地保護區

　　官地泡位於五家站鎮與陶賴昭鎮大三家子村交界處，占地一六〇多公頃。近兩年來，在政府部門與濕地管理者的努力下，官地泡的野生動植物資源得到了休養生息。昔日草豐魚肥、百鳥爭鳴的美景也得以重現。不走進官地泡，無法體驗這塊心靈淨土的神祕與神奇，走進官地泡，才能感受人間仙境的雄渾與壯美！

　　官地泡名字的由來與附近岸邊上的一座關帝廟有關。這座關帝廟就是為供奉三國時期蜀國大將關羽而興建的。早在明清時期，關帝廟就已經成為中華傳統文化的一個重要組成部分，與人們生活息息相關，關公被人們稱為武聖。一座關帝聖殿，就是一方民俗民風的展示，一尊關公像，就是人們的精神寄託。民間傳說，關帝為萬能之神，可以驅邪避惡、祛病消災、懲罰惡人，也管人間福祿、保佑前程、庇護商賈、處理冤獄。雖然，官地泡附近的這座關帝廟早已經不復

▲ 美麗官地泡

存在，但是，它曾經帶給人們的古老傳說仍然給官地泡這塊濕地帶來了靈性，也留下了許多未解之謎。

作為僅存不多的濕地資源，官地泡自古就是野生動物的天堂、鳥類的樂園。這裡複雜多樣的植物群落，為野生動物尤其是一些珍稀或瀕危野生動物提供了良好的棲息地，成為鳥類、兩棲類動物繁殖、棲息、遷徙、越冬的場所。蘆葦叢中、樹林間，有狐、兔、貉、獾等野生動物十多種；棲息著野雞、野鴨、大雁、丹頂鶴、雀鷹、灰鶴等珍貴鳥類二十多種。濕地自然保護區還盛產鯉、鯽、鯿、草、青根、鰱、鱅、黃姑子、吉勾、麥穗、船丁子、葫蘆子、鯰魚、懷頭。嘎牙子、牛尾巴、泥鰍、鰲花、老頭魚、興凱湖大白魚以及遼寧錦鯉等數十種野生魚類更是遠近聞名，產量達到數十萬公斤。二〇一一年，官地泡被國家農業部、國家旅遊局認定為全國休閒農業與鄉村旅遊示範點。

官地泡水質清澈，富含養分。這裡盛產的胖頭魚在純天然的狀態下生長，因此味道鮮美純正，肉質細嫩，受到人們歡迎。

官地泡水下有數百眼泉眼，涓涓不息的甘甜泉水除了為野生動物提供良好的棲息環境，還為坎下的數百坰稻田提供灌溉水源。因為強大的生態淨化作用，官地泡這樣的濕地素有「地球之腎」的美名。

每逢節假日，許多人走進官地泡，感受遠離塵世的一份心靈回歸，自由暢快地在天然大氧吧裡盡情呼吸，在欣賞迷人風光的同時，體驗一份健康的生活。泛舟碧波里，如閒庭信步，看蘆葦在微風中輕歌曼舞，魚兒躍出水面嬉戲，鶴舞長空，漁歌飛揚，芳草茵茵，碧波蕩漾，匯成如詩的畫卷。古樸的民俗風情，千年的文化底蘊，都蘊藏在這如詩如夢的仙境中。

百年神榆

松花江北岸，沿江東西走向的台坎地，形成了一個個弧形山環，前邊兩個山環相交處形成一個形似鷹嘴的山尖，當地人稱之為「山嘴」。被稱作神榆的老榆樹就在這山嘴前。從遠處望去，老榆樹背後的山環像一個伸開雙臂振翅欲飛的鳳凰，高大的老榆樹像是叼在鳳凰嘴裡的「靈芝」。老榆樹有多老，生長了多少年，沒人能說清楚。據《扶餘縣地名志》記載，約在清乾隆年間，就有

流民來此潛墾，那時就有這棵老榆樹。老榆樹太古老了，也就有了許多傳說。

（1）「神榆老窖」的傳說

相傳一六八二年春，康熙大帝巡歷北疆，行至「松阿里烏拉」，就是滿語的「松花江」邊的時候，突感人困馬乏，飢渴難耐，於是便來到身旁不遠處的一

▲ 陶賴昭百年神榆

棵老榆樹下翻鞍下馬稍事休息。剛剛坐定，康熙大帝就見老榆樹後有一個熱氣騰騰的酒坊，一股醇厚綿遠的酒香悠悠飄來，於是便喚內侍討酒來飲。康熙大帝接過酒碗一飲而盡，頓覺清冽甘甜，滿口餘香，忙喚取筆墨玉帛，親筆書下「神榆老窖」四個大字。

如今歷經三百餘載，神榆龍枝伸展依舊，古井清澈甘甜如初，老窖酒香愈發醇厚。當年獨特的釀造技術經過代代傳承保留至今，「神榆老窖」也因此佳話成為傳世美酒。

（2）清幣「康熙通寶」的由來

相傳康熙大帝巡歷北疆，行至松花江邊，來到身旁不遠處的一棵老榆樹下翻鞍下馬稍事休息。剛剛坐定，康熙便不知不覺地靠著老榆樹睡著了，而且做了一夢。夢中，他站在老榆樹下搖扇納涼，這棵榆樹十分神奇——枝條上結滿了一串串圓圓的、金光閃閃的片形小果子，果子好似金魚的鱗片，每片「鱗片」上都有個「口」字。一些衣著樸實的平民有端笸籮的，有提筐的，嬉笑著來到樹下採摘樹上的小果子。

話說康熙回京之後，立即依夢境模樣親畫草圖，命工匠按其鑄造圓形方孔銅幣。銅幣外圓示容天地之廣、內方昭剛正無邪，在銅幣鑄造「康熙通寶」四個字，借貨幣流通傳揚「神樹」的旨意，並從此開闢了大清盛世。

（3）石人村的傳說

　　在離古榆樹不遠處有一個年代很久遠的小村莊叫「石人村」。說起「石人村」的來歷，也和當年康熙大帝巡歷北疆、「神榆之下」夢中受神人點化有關。

　　據說，康熙帝古榆樹下夢中受神仙點化，御口封此古樹為「神榆」之後，奇蹟真的出現了。神榆古樹每年春季綠葉滿枝之時都會結滿一串串「康熙通寶」的錢幣，而且採摘下來就可以流通使用。人們紛紛到被稱為「搖錢樹」的古榆上採摘「錢幣」，拿到集市交換生活所需要的食物、用品及衣物。後來一些貪婪之人開始壟斷囤積「神榆貨幣」，瘋狂交換貨物，造成當地物品大幅漲價，通貨膨脹現象頻發。康熙帝聞之震怒，下詔命一個誠實可靠、身懷絕技的人負責看守「搖錢樹」，按需限量採摘「貨幣」。

　　「神榆」的守護者日復一日、年復一年、不問寒暑、不懼風雨始終站在「神榆」前盡職看護卻不採摘一枚。人們雖然不知道他的名姓，但都很敬仰他。一天清晨，當一群人又來到「神榆」前採摘「貨幣」的時候，發現「神榆」的守護者手拄長矛站在「神榆」下已經死去了。人們自發厚葬了「神榆」的守護者之後，又依其死時站立的模樣雕塑了一個石像。為了替死去的守護者繼續守護「神榆」，人們便在「神榆」附近造房居住，逐漸形成了村落。後來為紀念這位沒有留下姓名的守護者的功績、弘揚其精神，便將村子取名為「石人村」

第五章———

文化產品

一本本文學著作相繼問世，一幅幅書畫作品令人矚目，一台台歌舞表演曼妙奇絕，一部部電視短劇廣受好評……激活了扶餘文化，展示著扶餘文化。扶餘人代代相傳的文化創造的作為和精神，賦予了文藝家和文藝愛好者們創作的激情與靈感，從而孕育、形成和發展了淵源有自的扶餘地域文化。這些地域文化傳統正在和當今時代精神有機結合，進而提煉出與時俱進的新扶餘文化精神，讓它滋育扶餘的生命力、催生扶餘的凝聚力、激發扶餘的創造力、培植扶餘的競爭力，激勵扶餘人永不自滿、永不停息。

盡現滿族風情的傳統民間舞蹈

▲ 滿族舞蹈——火神舞

▲ 滿族舞蹈——海東青舞

▲ 滿族舞蹈——祈太平舞

扶餘是個多民族的地方。世代聚居在這裡的少數民族群眾喜歌善舞，產生和傳承了極具特色風情的傳統民間舞蹈。其中，尤以滿族風情舞蹈最具代表性。滿族傳統民間舞蹈主要有以下幾種：

「莽式空齊」舞。清代在前人舞樂的基礎上，創作出的歌舞更是花樣翻新，以其數百年的藝術活力成為古代和近、現代華夏文化的重要組成部分。其中最為突出的標誌便是滿族舞蹈「莽式空齊」舞，亦稱莽式舞，是清代滿族的代表性歌舞種類。關於它的藝術面貌和流行盛況，清代很多史著與文人筆記都有翔實記述。

莽式舞蹈形式為「九折十八式」，「九折」即九組動作，一為起式；二為擺水，即打魚動作；三為穿針，即織網動作；四為吉祥，即歡慶動作；五為單奔馬，即打獵動作；六為雙奔馬，即出征動作；七為怪蟒出洞，即龍舞動作；八為大小盤龍，

即戲水動作；九為大圓場，即歡慶動作，與四同。「十八式」即十八個舞蹈姿勢，有「手、腳、腰、轉、飛各三式，肩二式，走一式」。

關於莽式的舞蹈形式，還有一首歌訣：

東海莽式最為先，九折十八記周全；
起式穿針擺水步，身手步肩緊相連；
吉祥步穩是關鍵，每折之間用此連；
單雙奔馬是武步，弓馬刀槍臨陣前；
怪蟒本為雜耍段，爬抖扭甩翻跳歡；
盤龍戲水更出色，恰如豐收慶豐年。

新中國成立以後，特別是滿族新城戲創立以來，對滿族傳統舞蹈在繼承的基礎上，進行了一系列的改革與創新，先後創編了腰鈴舞、寸子舞（滿族鞋式舞）、滿族薩滿舞、太平鼓舞、馬舞、格格舞、海東青舞等新式滿族舞蹈。

腰鈴舞。腰鈴舞因角色腰繫「腰鈴」（腰帶上垂掛二三十個銅鈴，故稱腰鈴）而得名。該舞是以滿族民間太平鼓表演中的薩滿祭神時的扭唱身段為基礎，經篩選提煉藝術加工與戲曲表演組合而成的滿族集體舞蹈。分群舞、對舞。人物扮相有老薩滿一人，頭戴神帽，左手持抓鼓，右手持鼓鞭；小薩滿八人（男女各 4 人），雙手各持「紅箍」（形似啞鈴而不啞）。老薩滿和小薩滿皆繫腰鈴，在擊鼓及唱和時，有節奏地搖擺、撞擊銅鈴發出強弱、快慢而鏗鏘的響聲，有歌伴舞，亦有舞伴歌。此舞多用祭祖、祭神、婚禮驅邪趕妖。為表現主題，其舞蹈語彙模仿神化了的蟒神、鷹神的身形動作。老薩滿似神蟒，時而跪臥平川，時而蠕動翻身，動作矯健；小薩滿們形似神鷹，時而金雞獨立，時而抖羽展翅，身形雄健。他們舞蹈互為配合，神勇威奔，剛健沉穩，挺拔多姿，粗獷火爆，表現了神威浩武、戰勝邪惡的精神銳氣。

寸子舞（滿族鞋式舞）。寸子舞係滿族戲目裡的女性集體舞，可分為四、

六、八人舞。舞者為滿族婦女旗裝裝扮，腳穿寸子鞋（也稱花盆底鞋），此舞亦由此而得名。此舞依據滿族的「莽式空齊」舞，並間雜挑鬢、整裝、禮儀、趨拜等動作，經過藝術加工組合而成。舞蹈端莊典雅，輕巧敏捷，嫻熟嫵媚，嬌憨活潑。該舞多用於朝典慶祝、宮廷宴飲、喜興佳會場面。

滿族薩滿舞。滿族薩滿舞最初是指薩滿教巫師在祭祀、驅邪、祛病等活動中的舞蹈。薩滿一詞原意即為因興奮而狂舞者，後衍為薩滿教巫師的稱謂。薩滿舞舞蹈時，巫師服裝飾以獸骨、獸牙，所執抓鼓既是法器又是伴奏樂器，有的頭戴鹿角帽、熊頭帽或飾以鷹翎，動作也大抵模擬野獸或雄鷹。薩滿舞雖來源於迷信活動，但它對各族特別是扶餘地方的滿族民間舞蹈的形成和發展都有很大影響。在地方舞台上演出的一些民族舞如蒙古族的「安代舞」、滿族的「單鼓舞」「腰鈴舞」等都是從薩滿舞改編而來。

▲ 薩滿舞表演

太平鼓舞。太平鼓舞亦稱「單鼓舞」，源於漢軍旗人打旗儀式，也很大程度上吸收了原始薩滿舞的一些舞蹈程式。此舞係男女角色的集體舞蹈。表演時，演員左手持單鼓，右手持鼓鞭，舞蹈表演動作有包頭鼓、雙頂鼓、單紡線、雙紡線、側片鼓、背鼓、雙絮線、抬腿花、裡腕花、外腕花、平鼓等動作。多用於祭祀、慶祝勝利等場面。

馬舞。根據滿族古代騎射的歷史生活而創編的一種騎馬舞蹈，舞姿亦吸收

戲曲中的傳統「趟馬」程式動作。此舞多見於單人策馬疾行，亦見於群體圓場奔騰。

格格舞。原為宮廷舞蹈，由乾隆九年（1744年）奉旨到拉林屯墾戍邊的京旗人保留並流傳下來，是京旗文化藝術的組成部分。舞蹈要求女子穿滿族格格服裝，男子著滿族武士服裝，舞起來高雅莊重，充分展示滿族人民對未來生活的美好憧憬。

扶餘現代的文藝創作者和表演者在繼承這些舞蹈程式和風格的同時，又不斷推陳出新，變換花樣，使得原始的極具民族特色的滿族民間舞蹈得以傳承並發揚光大。在當地各類文藝演出當中，寸子舞和薩滿舞經常被搬上舞台。

▌鄉土氣息濃郁的滿族民間藝術瑰寶

民間傳統繪畫。 很多滿族人看到漢族家譜、族書有文字有畫像後，也開始給祖宗畫像、寫譜書。清朝的歷代皇帝都有畫像，受皇封的滿族文臣武將家中也有祖宗畫像。到後來，所有的滿族文武官吏家和一些旺族大戶的滿族人家也都為祖宗畫像，敬仰供奉，以求保佑太平。滿族人家祖宗畫像，多為正面端坐，是畫在白棉線布上，採用國畫線描的手法，用墨線勾勒、重彩著色、濃豔明快，喜用白、藍、黃色為基調，線條粗獷奔放，不失民族風格。

滿族民間刺繡。 女真人的民間刺繡始於明代，最早見於汗王及文、武官員衣服上刺繡，後來傳入民間。女真人不斷和明朝的漢族人往來，中原文化不斷融入，滿人的刺繡工藝也不斷提高，一點一點形成了兼具漢族和自己民族風格的刺繡。繡品主要有枕頭頂、服飾、幔帳和配飾上的刺繡。舊時，滿族女人的飾品很多，主要有荷包、手絹、團扇、錢包、煙荷包等物。這些繡品多以花鳥為主，圖案鮮明，設色時而淡雅，時而豔麗，表現出繡者的才華與手藝，也是比較有代表性的民間刺繡工藝品。

▲ 枕頂繡片

▲ 枕頂繡片

　　滿族民間圖騰雕刻。圖騰是人類最早的社會組織的象徵和區分群體的標記，是原始族群的徽號、族徽的象徵。在他們居住的族群與部落周圍，房舍、器物、柱桿上等都雕刻有本族群的象徵圖騰。他們認為圖騰是本部落的保護神，把它雕刻成器物供奉起來，會得到它的保護，逢凶化吉，保佑平安。隨著北方的少數民族文化與漢文化的融合，把簡單粗糙的原始圖騰雕刻不斷地演變成生活日用品的裝飾雕刻，如家具擺件、木舟、木桶、木盒、木勺上面，往往都雕刻一些圖案。時至清末與民初，獨具民族風格和特點的器物雕刻開始少見了，只是在滿族民間的家具、室內花窗、木雕屏風、被閣木雕花邊等，還能見到一些有關滿族的傳統圖案雕刻。雖然在造型上有的還保持著粗獷奔放的自然美，還能透出一些民族個性的特點，但受中原文化的影響，在刀法、雕技、線條、質地上都更加細膩、精練了。滿族居民家裡常見一些樹包（「樹瘤子」）雕刻，大的可雕成家用擺件、花架、花盆等，小的可雕成玩具等。隨著社會的發展，民間的樹包雕刻不再僅僅是家庭的擺設，而是經過藝術的昇華已形成獨特的現代根雕藝術。大型的雕刻製品，已登上大雅之堂，是各級賓館、展廳的高雅飾品。木雕生活器物和根雕工藝品多數都是用獨木製作，造型簡單純樸，工藝大氣粗獷，至今在一些滿族人家裡還能見到獨木製作的木勺、木盆、木槽、木製餑餑模具等。

扶餘流傳的滿族民俗民謠與傳說

　　扶餘是滿族人的故鄉。這裡流傳著滿族及其先世的上古時代的古老神話、傳說，傳唱著蒼莽而質樸的英雄史詩、敘事長詩及直抒胸臆的古樸歌謠。滿族先祖是三○○○多年前東北四大族系之一的肅慎，這個民族在沿革中先後更名為挹婁、勿吉、靺鞨、女真、滿洲，直至滿族。追溯滿族漫長歷史，發現有許多古老而珍奇的神話。其中比較有代表性的有神話傳說《三天女浴躬》《女真始祖函普的傳說》《金太祖阿骨打的傳說》等。

　　諸宮調是流行於宋、金、元並繁榮於金代的一種說唱民間文學樣式。它取同一宮調（指樂曲的音調）的若干曲牌聯成短套，首尾一韻，再用不同宮調的許多短套聯成長篇，以說唱長篇故事。因此，稱為「諸宮調」或「諸般宮調」。金代的諸宮調作品，今存《劉知遠諸宮調》和《西廂記諸宮調》等。這些「諸宮調」在東北滿族聚居地流傳甚廣，扶餘地方廣大農村直至東北淪陷時期，乃至解放初期，仍有名為《劉知遠傳》《大西廂》《鶯鶯傳》的宮調小唱本在民間傳閱和演唱。

　　與扶餘有關的歷史傳說很多，主要有《東明建扶餘國的

▲ 郭鳳山搜集整理《滿族民俗民謠與傳說》

傳說》《遼太祖病死扶餘府的傳說》《阿骨打頭魚宴受辱決意反遼》等二十多篇。

民謠，因其大眾語言、直白好懂之特點，在扶餘民間廣為傳唱。扶餘地方現在能收集到的一些歌謠包括童謠、傳統民謠、新民謠和少數民族歌謠，大多屬於健康向上的，如民謠《莊稼忙》《蹉跎到老》，滿族民謠《八角鼓》《秫秸葉》，童謠《大公雞》等；但也有些童謠是沒有聯貫統一內容和明確思想的順口溜，如《拉大鋸》《小耗子》《雞蛋車車》等，似乎就僅僅是教習幼兒說話的「詞語集群」；當然，也不乏濃厚政治色彩的民謠，如東北淪陷時期流行的罵漢奸的歌謠《警察是個溜門狗》等。

民間諺語作為勞動人民在長期的生產、生活、工作、學習的實踐中總結出來的經驗，並用經典式的語言保存下來，不但對指導人們的實踐活動有著重要的現實意義，而且作為一種文化遺產，長期保留並傳承下去，也有其深遠的歷史意義。

民間文學挖掘與整理。一九九八年，民間文學作家何輝編寫的民間故事集《羆貨精》由吉林文史出版社出版發行。在此之前的一九八八年，他與吳戰林、郭鳳山、李書學等共同參與了「三套集成」中《吉林省民間文學集成・扶餘卷》的寫作，並與其他三人被作為重點作者做了介紹。郭鳳山（1997 年被吉林省文化廳授予「民間藝術家」稱號）是扶餘境內民間文學創作的先驅，已蒐集、整理和發表民間故事數十篇以及近百篇滿族風情故事。二〇一一年，松原市出版蒙滿文化系列叢書，其中就包括郭鳳山蒐集整理的《滿族民俗民謠與傳說》一書。同時他還有一二〇首民間歌謠結集待出版。李書學（1997 年被吉林省文化廳授予「民間藝術家」稱號）也是較早就從事民間文學創作的作者，蒐集整理、創作並發表民間故事百餘篇。何輝已完成了十二萬字的民間故事集《小豬拱門》和收有一三〇首作品的歌謠民間歌謠集《小河流水》。孫兆貴創作並發表民間故事，如《布庫里・雍順的傳說》《十二生肖故事》等數十篇，另有幾十篇童話故事結集待出版。蘇亞蘭蒐集、整理和創作的民間故事數

量較多、質量較好。多年來，她不僅積累了大量的民間文學素材，並且注重民間習俗方面的挖掘，整理並創作出如《與端午有關的民間習俗》《閒話餃子》《趣聞年俗》《倭瓜不過年》等作品，細緻入微地描寫和介紹了那一歷史時期扶餘的地方習俗。譚秀萍的地名傳說故事《龍坑的傳說》《喬成》《老樹》等作品既描寫了地名的來歷，又在字裡行間流露著善與惡的對比，如《龍坑的傳說》，將「正義與邪惡的較量、得道者多助失道者寡助、為了人民的利益就會得到人民的擁護」的

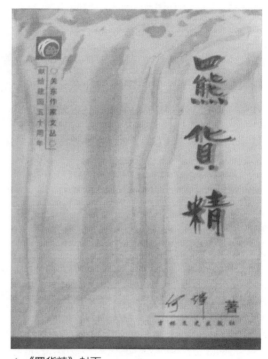

▲《羆貨精》封面

主題淋漓盡致地表現出來，給人一種正氣浩然之感。李玉梅的傳統故事《就差一天》，揭示了封建社會青年人追求解放、追求真愛、自由與禁錮的婚姻制度所發生的矛盾衝突和唯美的浪漫情節，雖以悲劇結局，卻是對封建社會摧殘人性的控訴。李政安的民間傳說《老貓炕上睡的由來》《關東「三大怪」源扶餘》，劉通的精怪故事《小龍女》《小狼女》，蘇明清《知恩報恩的老虎》《烏拉草》，李天白《月餅的傳說》，王偉《狼為什麼叫「張三」》，李亞茹《饞狗的下場》，李殿生、蘇亞蘭合作創作的《金馬駒》等都以不同的寫作手法，表現出作品的主題。

▌質樸豪放的民間音樂——鼓吹樂

　　鼓吹樂為慶典助興之樂，金代已有之。《金史‧卷三十九‧樂上》載：「鼓吹樂，馬上樂也，天子鼓吹、橫吹各有前、後部，部又分為各二節。金初用遼故物，其後雜用宋儀。海陵遷燕及大定十一年鹵簿，皆分鼓吹為四節，其他行幸唯用兩部而已。」該卷還記載了「四節」的詳細情況，歌樂隊由一四七二人組成，可見其陣容之強大，氣勢之磅礴。

　　滿族的音樂原來多用鼓伴奏，沒有嗩吶，因打擊樂只有節奏而沒有旋律，民間音樂無法表現，後來有了嗩吶，鼓吹樂中的民族韻律就越來越濃了，如《豆葉黃》《對玉環》等，都較完整地保留了滿族民間音樂的特點。

▲ 陶賴昭鎮文化大院樂隊成員切磋技藝

扶餘的鼓吹樂有其自身的表現形式和統一的模式，演奏的曲目內容因不同的場合而異。紅事的拜墳和拜莊時，吹奏《小龍尾》《水龍吟》；上頭、穿衣服時吹奏《萬年歡》；上轎下轎時吹奏《抱龍台》《小龍尾》《得勝令》和《柳河吟》；走路時吹奏《小龍尾》和《得勝令》；拜堂時吹奏《小開門》《水龍吟》和《萬年歡》；入洞房時吹奏《抱龍台》；迎送賓客時吹奏《海青歌》。白事的擺祭時吹奏《祭搶》；送漿水時吹奏《柳青娘》；送葬時吹奏《柳河吟》；燒行車時吹奏《工尺上》；辭靈時吹奏《小開門》《工尺上》和《小羅江怨》；裝車時吹奏《哭皇天》；出靈時吹奏《柳青娘》和《柳河吟》；下葬時吹奏《柳河吟》和《工尺上》。凡鼓樂班棚的樂手必須遵循這個程序，不得亂用曲牌。

　　扶餘地方的民間鼓吹樂歷史悠久。在舊時代，民間鼓吹樂多以「鼓樂班」或「鼓樂棚」（群眾習稱喇叭棚）的組合形式出現。凡婚、喪、喜慶，皆有鼓樂班演奏。每逢節日，秧歌、舞龍、舞獅等娛樂活動，也均需鼓樂伴奏。

　　民間鼓樂因演奏需要，吹奏嗩吶除用管簫笙笛伴奏之外，還需伴之以鑼鼓、鐃鈸，故至少要四五人或更多合成一夥，組成一班，即「鼓樂班」「鼓樂房」或「鼓樂棚」。舊時的婚嫁受傳統封建迷信觀念的支配，凡婚前皆選吉日良辰，因而多擠在一個日子裡辦喜事，有時一個大的鼓樂棚在同一天要派出六七伙人外出演奏，應接不暇。所以除鼓樂班、棚之外，還有些「散吹」的鼓吹藝人，有僱主僱傭時，居住臨近的藝人則臨時組班。

　　鼓吹藝人講求吹（嗩吶、笙管笛簫等各種管樂）、打（鑼鼓鐃鈸等打擊樂）、咔（咔戲）、拉（板胡、二胡等各種絃樂）、唱（會唱整段的戲曲和曲藝），鼓樂班中的每個成員，起碼是主要成員，除了會自己負責的樂器外，還要樣樣俱通。

　　鼓吹樂隊演奏一般有兩種形式：一為坐棚，亦稱「坐堂」，即在舉辦婚喪人家門口所搭的席棚中演奏。二為「行隊」，亦稱「走吹」，即在婚事和喪事中走路時演奏，一般不用堂鼓，只用嗩吶、小鈸等。

扶餘遼金文化的見證──女真文書法

　　作為滿族的先世，興起於九世紀的東北女真人，遍布松花江、牡丹江、黑龍江流域廣大地區。十二世紀初，位於黑龍江省中部松花江支流按出虎水（即阿什河）的女真人完顏部頭領阿骨打，聯合各部女真人反抗契丹族遼王朝的殘暴統治，起兵反遼，並迅速取得一系列勝利，建立金王朝。

　　如同其先世、建立唐王朝東北地方民族政權的靺鞨人一樣，金朝建國之前，女真人無文字，記事、傳令以刻木為契。與遼王朝交往，借用契丹字。建國不久，金太祖阿骨打命完顏希尹和葉魯創製女真字。博學多才的完顏希尹，依據由漢字改制的契丹字，拼寫女真語言，製成了女真字。天輔三年（1119年）八月字成頒行，這就是女真大字，頒行後成為金朝官方通用的文字。金熙宗完顏亶時，又創製一種筆畫簡省的新字，即女真小字，於天眷元年（1138年）正月頒行。從此，金代的黑龍江人在黑龍江地方創造了一種新文字。女真大小字在黑龍江、在金王朝統治的中國北方並行使用，與漢字、契丹字同為官方通用文字，契丹字後來廢除。在金代，女真文字為推動中國北方的統一做出了貢獻。金代曾用女真文翻譯漢文書籍多種，均失傳。儘管金世宗以後，進入中原地區的女真人作為少數民族被數量眾多的漢民族同化，漢語言文字普遍使用，但在其產生地、女真人的故鄉松花江、牡丹江流域廣大地區，女真文字卻在此後的數百年裡普遍使用，是通用文字。明代的文獻記載，松花江的胡里改、斡朵里部與牡丹江流域的建州女真頭領，如阿哈出、猛哥鐵木耳（努爾哈赤六世祖）與九次出巡奴兒干地區的亦失哈等人，均精通女真文字，前二人向明王朝呈遞的表文都是用女真文寫的。而明王朝給他們的敕諭居然也用「女直書字」（女直即女真），這更可說明女真文字影響之深，使漢民族明王朝也十分重視。直到努爾哈赤建立後金王朝，考慮到女真文字不易學習，命額爾德尼和噶蓋用蒙文字母創製滿文──老滿文（無圈點滿文），在東北地區推行。至

此，產生並通行東北大地的女真文字，完成了它近五百年的歷史使命。

由於女真人與金王朝統治者並不如漢人王朝與士大夫那樣對刻石勒碑銘記功德那麼熱心，沒有在中國北方土地上留下許多女真文字石碑。迄今為止，在東北或明清時期的東部地區——包括今天的黑龍江下游、烏蘇里江以東至海地域內，刻有女真文字的古碑僅有十數塊，彌足珍貴。其中最為著名的有三塊碑。

金世宗大定二十四年（1184 年），從燕京回到上京會寧府（即阿城市之白城）「巡幸」的金世宗完顏雍，為追念宣揚祖先的功績，重振朝臣民眾尚武精神，下令在太祖阿骨打起兵反遼誓師之地（今扶餘市得勝鎮境內）立碑紀念，次年（1185 年）七月二十八日告成，即「大金得勝陀頌」碑。此碑距今已有八百多年歷史，不僅是中國最古遠的女真文石碑，而且碑頌文體與刻字書法堪稱雙璧，很有研究價值。此碑的碑文仿唐玄宗李隆基的《起義堂頌》和《舊宮述聖頌》，辭采華麗，朗朗上口。書寫者是孫俁、趙可，篆額者是党懷英，二人書法綿遠遒勁，剛柔相濟。党懷英是中國金代文豪，詩文書法影響很大，趙可、孫俁也都是當時名士。更為可貴的是，此碑用漢文和女真文兩種文字刻寫碑文，兩相對照，不僅為觀賞者提供方便，更為女真文字研究者看重。數百年來，國內外學者十分關注。

女真文字其特點也是單體方塊字，也是由點、橫、豎、撇、捺等符號組成，在書寫中的筆畫用筆都是漢字的楷書和草書運筆，所以它已形成獨到的女真文字的書法藝術。從在扶餘境內保存完好的「大金得勝陀頌」碑，可以欣賞到女真字的書法，同時也可以欣賞金朝前期的漢字書法，特別是著名漢字書法家党懷英的大篆書法藝術。

女真文書法遒勁、挺拔，是介於楷書與草書之間的字體，也是中國文化寶庫中最珍貴的書法藝術遺產。現代對女真文進行研究和能書寫的人不多，曾任遼寧省民族研究所所長的金啟孮先生，常用女真文書寫對聯和詩句等送給親朋好友，這也在一定程度上對中國少數民族古代文化進行了傳播。扶餘政府對此十分關注，同時也為保護、研究女真文字和女真文書法做出積極的努力。

傳承百年的剪紙藝術

　　據有關資料考證，滿族民間剪紙始於明末。女真人自己造紙始於皇太極時期（1592 年至 1643 年），女真人稱為「豁山」。人們就地取材，土法生產，造出的紙張質地粗糙，是滿族剪紙的主要材料。有時，女真人也用馬匹、人參、貂皮等同明朝或朝鮮換取紙張，也成為剪紙用的補充材料。滿族民間剪紙起源於巫術，因滿人的原始宗教信仰是薩滿教。薩滿教認為萬物皆有靈，不但對天地、宇宙的現象予以崇拜，就連與生活密切相關的一些動物、植物都可以是神，同時認為祖先也是神。這種崇拜在社會生活中占有重要地位。薩滿為了突出形象、擴大影響，將祭禮裝點得肅穆、神祕、莊嚴，使得有些民間藝術也為巫術服務，薩滿剪紙因此與薩滿教結下不解之緣。

　　在諸多神靈中，滿族人對嬤嬤神更為崇敬。因嬤嬤神管事特別多，有管子

▲ 著名剪紙藝術家孫美貴「孫氏剪紙藝術」走進中學第二課堂

▲ 王平剪紙作品

孫繁衍的，有管兒女結婚的，有管進山不迷路的，等等。孩子們有剪「嬤嬤人」的遊戲，剪的嬤嬤人都是正面站立，兩手下垂，五指張開，五官是陰刻，鼻子是三角形，其服飾都是滿族裝束。有的也將嬤嬤人剪成前後兩片，可坐可立。頭部單剪，有個長脖子可以插到衣服裡，男人有個小辮可折到後面，這些都是典型巫神文化的遺跡。剪技粗獷、樸實，極具民族風格。滿族的先人們生活在林海雪原中，狩獵、林木、動物都是他們創作的題材。滿族民間剪紙至今也有許多反映薩滿祭祀活動的，但已不再是巫術和迷信，而成為了滿族習俗生活的珍貴藝術品和收藏品。

　　扶餘著名民間女藝術家孫美貴的剪紙作品就很好地融合了地方滿族民間剪紙藝術的技巧，創作出很多精品之作。其後，王平、李曉宏等一批剪紙新人也正在迅速成長。如今，孫美貴還經常到中小學校教授剪紙技藝，當地熱愛和從事剪紙創作的人越來越多。

一曲愛國主義頌歌──《蕭振瀛傳》

　　蕭振瀛，字仙閣，一八九〇年五月二日生於吉林省扶餘市三駿鄉（原四馬架鄉），原籍山東省文登市。他青年時以法政大學學生投軍，歷任東北軍孫烈臣部營長、參謀、軍法官、吉林省田賦局局長，以及參議院議員等，後經李鳴鐘介紹參加西北軍。歷任綏遠省臨河縣、五原縣縣長，包臨道尹，西安市長，軍法處長等職，並以西北軍代表去蘇聯工作過一時期。一九三一年，蕭振瀛成為「二十九軍締造者」。一九三四年以後，蕭振瀛歷任察哈爾省主席、天津市長。

　　西安事變後，蕭振瀛在南京調和孔祥熙、宋美齡主用人情營救與何應欽主用重兵討伐之矛盾，並赴蘇使館洽談，請求第三國際協助解決。一九三七年，蕭振瀛被委任為經濟考察專使，專程赴歐美考察。

　　抗日戰爭爆發後，蕭振瀛奉蔣電取道美、菲回國，八月初抵滬。至寧謁蔣後，被委為第一戰區（蔣自任司令長官）上將總參議。同年冬，蕭振瀛隨國民政府撤至重慶。

　　一九四〇年夏，蕭振瀛辭去軍政職務，定居郊區山洞西山新村寓所（原林森寓址），致力於社會經濟文化和公益事業，亦經常同前線部隊保持聯

▲ 王昭全　張蘊著《蕭振瀛傳》

繫。一九四一年，蕭振瀛在重慶組織打撈公司，後又聯合原二十九軍部分將領和東北同鄉創辦大明公司。一九四二年，蕭振瀛創辦大同銀行，任董事長，下設十餘分行。同年，蕭振瀛與閻寶航、高崇民等人創建勝利建國會。一九四三年，蕭振瀛創辦東北松花江中學，收東北流亡學生五百餘人免費就學；後又創辦東北兒童教養院，免費收養東北籍兒童五百餘人。此外，蕭振瀛還辦有大文書局等實業。一九四五年八月日本投降後，蕭振瀛與董事、股東們議定將部分實業遷至平津。一九四六年春，蕭振瀛舉家遷回北平，其本人仍致力於大同銀行等實業。

一九四七年五月，蕭振瀛病故於北平。李宗仁曾讚譽之「其性慷慨，其才雄渾，故都樹績，遺愛猶存」；程潛將軍說他「急公好義，磊落嶔崎，通權達變，敢論敢為」；傅作義將軍說他「政治居先，經濟其次，遊刃恢恢，綽有餘地」。蕭振瀛遺作有《華北危局紀實》。

《蕭振瀛傳》屬傳記文學，結構如長篇小說，本著「長篇宜橫鋪，短篇宜紆折」的創作原則，以抗日戰爭為背景，章章節節，洋洋灑灑，從《楔子·星隕故都》寫到《尾聲·名垂青史》，人物翔實，情節跌宕，起伏有序，文字流暢，可讀性極強。

長篇傳記文學《蕭振瀛傳》，再現了這位扶餘籍國民黨愛國高級將領非凡的人生，該書曾獲松原市第一屆查干湖文學獎一等獎。

電視短劇成為扶餘名片

　　二〇〇八年，時任扶餘電視台採編部主任施朝鳳創作的電視短劇《農家迎奧運》獲松原市哈達山文藝獎優秀獎。市文聯、市作協還邀請著名劇作家王永奇等專家教授來扶進行專項寫作培訓，極大鼓舞了當地作家和文學愛好者從事電視劇創作的熱情。遍布全市三八三個村的文化大院和農家書屋也不乏寫作能人，他們經常自編自導自演各種形式的劇目，為當地電視劇創作積澱了豐富的素材。這是扶餘人首次嘗試創作電視短劇。

　　繼吉視鄉村《農村俱樂部》《二人轉總動員》欄目走進扶餘之後，扶餘市委宣傳部與吉林電視台鄉村頻道的合作更加頻繁。百姓互動參與節目《家長裡短》在當地拍攝的以扶餘新農村、新農民為主題的鄉村短劇陸續在吉林電視台播出，百姓坐在自家炕頭演自己的故事，內容淳樸實在，深受廣大群眾喜愛。眾多影視作品在極大滿足廣大群眾參與節目的願望、豐富群眾業餘文化生活的

▲ 扶餘群眾自編自演《家長里短》欄目劇

同時，也從多視角展示著扶餘的風土人情、文化底蘊以及城鄉發展新貌，借此向全省遞出了扶餘名片。

為提升創作水平、多出精品劇本，扶餘市委宣傳部與吉視鄉村頻道多次舉辦欄目劇創作培訓活動。當地參與電視短劇創作和表演的隊伍日益壯大，作品質量也在不斷攀升。

由扶餘作家初雪飛創作的劇本《三請爹》《眼鏡張的文化大院》《摘戒指》，拍攝場景設在扶餘市三岔河鎮小九號村、蔡家溝鎮萬家坨子村等地的農戶家中，演員都是當地村民。這三部短劇在吉林電視台播出後，獲得了觀眾的關注與好評。

▲ 電視短劇寫作培訓活動吸引眾多文學愛好者

扶餘首開電影拍攝先河

二〇一一年六月二十六日，電影《大金始祖》新聞發布會暨開機儀式在扶餘正式舉行，首開扶餘電影拍攝之先河。

活動現場嘉賓雲集，中國電影集團原黨委書記、中國兒童電影製片廠原廠長、國家電影審查委員會委員、國家廣電總局電影頻道編審竇春起，中國電影評論學會會長、國家廣電總局電影頻道編審、博士生導師章柏青，國家一級演員、電影《創業》周挺彬扮演者、電影《豔陽天》肖長春扮演者、中國第一部電視連續劇《敵營十八年》江波扮演者張連文，中國電影集團著名演員、電影《刑場上的婚禮》《激戰無名川》等主要演員，南斯拉夫電影《瓦爾特保衛薩拉熱窩》《橋》的配音演員關長珠，中國影協少數民族電影委員會常務會長、北京師範大學教授李稚田及夫人、國家廣電總局人才交流中心「國家廣播影視藝術人才網」總監、中國電影製片人協會產業活動中心主任高尚君，北京電影學院音像出版社副社長、國家廣播影視藝術人才網副總監張弛等著名電影人應邀參加此次活動，《大金始祖》劇組全體人員及國家、省、市、縣多家媒體記者參加發布會和開機儀式。

▲ 電影《大金始祖》劇照

故事片《大金始祖》是在中央電視台六頻道播出並面向全國院線發行的電影。由中央電視台東方夢蝶影視公司，松原市廣播電影電視局，扶餘市委、市政府聯合拍攝的這部具有濃郁民族風情的民族題材文藝作品，取材於發生在扶餘歷史上的女

真部落首領完顏阿骨打興兵伐遼的故事，在扶餘拉林河畔、大金碑國家濕地公園等多處文化景址拍攝。影片用獨特的藝術手法刻畫了扶餘地域風光和人文風情，通過歷史故事演繹，反映扶餘歷史悠久、文化璀璨，彰顯扶餘人傑地靈、資源豐富、風光優美、民族歷史文化厚重、滿族風情獨特，讓綿延了千百年的文化基因得以豐富、創新和進一步昇華，為扶餘向「文化旅遊新城」邁進奠定了堅實基礎。

叢國慶、任樹理創作的電影《甕泉山的迴響》二〇一二年三月經國家廣電總局備案公示，並批准拍攝。影片《甕泉山的迴響》圍繞甕泉山村民、共產黨員沈玉蘭當選村主任前後發生的一系列故事展開，表現她淳樸的作風和高尚的情懷。影片讓觀眾再次有機會欣賞扶餘美麗的甕泉山景觀，體驗當地如詩如畫的人文風情。

二〇一三年，省作協會員、松原市作協副主席、扶餘市作協主席任樹理創作的電影劇本《凸凹》被吉林電視台選用，並拍成微電影，在吉林電視台播出。《凸凹》是一部反映農村生態環境題材的微電影，影片總長十九分鐘，是一部反映現實生活、發人深省的好作品。在這部電影裡，我們可以清晰地沿著主人公的浪漫愛情故事這條主線，一路追蹤下去，直到作者巧妙地把「改善村容村貌」與「改善土壤條件」兩個問題串聯起來，在政府及主人公的共同努力下，做出了精彩的回答。最終消了「凸」，平了「凹」，影片在一片金黃的秋景中落下帷幕。從這個意義上說，這是一部解決矛盾、回答問題的好作品。這部微電影的創作攝製成功，不僅從內容上直接反映了扶餘人滿懷激情、建設家鄉的精神面貌和立足時代、勇往直前的感人風骨，更間接展示了扶餘廣大幹部群眾尤其是文藝工作者投身文化事業、傳播和傳承優秀文化成果的決心和力量。

多部電影題材在扶餘的拍攝，對於宣傳扶餘厚重歷史、打造地域文化特色品牌、拉動扶餘地方經濟、推動當地旅遊業發展起到了積極作用。通過電影，讓中國和世界更深刻地瞭解了扶餘、遊覽了扶餘，扶餘的影響力和知名度不斷提高。

扶餘地域文學品牌——《扶餘國》期刊

《扶餘國》文藝期刊創刊於二〇〇八年十二月，截至二〇一三年末累計出版二十期，刊登域內外專業作家和業餘文學藝術愛好者的作品，包括小說、散文、雜文、詩歌、戲劇、歷史研究、人物傳記等在內的一三〇〇多篇（首、部），美術、書法、攝影、剪紙等藝術作品三百多幅，推薦到省、市和國家級期刊稿件一百餘篇。

作為扶餘域內唯一一個由市委宣傳部主辦的以內部刊號發行的季刊《扶餘國》，旗下匯聚著一個文學社團、兩個詩詞研究學會。作者人數總量已從原來的幾十人發展到現今的二百餘人，來自城鄉各行各業。期刊為大十六開，正文一百頁，輕型紙印刷，圖文並茂。期刊設有文化研究、古今扶餘、民俗風情、民間故事、小說看台、文藝評論、散文天地、詩歌家園、雜文選粹、曲藝大觀、藝苑掇英、文藝動態等十多個欄目。期刊無論內容還是版面設計，都充分體現了扶餘地域文化特色。六年來，《扶餘國》期刊在扶餘市委宣傳部、市文聯的關懷、支持和領導下，由初始階段到逐漸成熟，由小眾作者到今天壯大的作者群，經歷過坎坷，也經歷過低谷，但是，共同的努力和不懈的堅持，最終使《扶餘國》逐步走向成熟。

▲《扶餘國》期刊

《扶餘國》文藝期刊的創建，為扶餘域內廣大文學藝術愛好者提供了一個展示作品、學習交流、增長見識、提高鑑賞能力和寫作技能的平台，同時也為提升城市品位、弘揚地域文化和廣泛開展群眾性文化藝術事業起到了一個很好的推進作用。體裁和題材的多樣化，是《扶餘國》文藝期刊所刊作品涵蓋眾多領域、表現宗旨和弘揚古今文化的一個重要方面。同時，新人的發現和培養以及不斷創新，又使得《扶餘國》期刊常做常新、質量不斷提升，始終保持著蒸蒸日上的激情與豪邁。

　　《扶餘國》所刊載的大量民俗、民間文學作品，既是扶餘人精神的產物，更是民俗、民間文學作家們生命律動的一種折射。在他們的筆下，一花一草，一人一物，一個生靈，一個傳說，一種風俗，一種習慣都無不浸潤著作家們的審美情感和某種生命情懷。如李書學的《餵馬隔年飯的來歷》，郭鳳山的《滿族風情系列》，柳克的《扶餘農居的變遷》，蘇亞蘭的《根植沃土的田園遊藝系列》，常紅等的《童謠系列》，蘇明清的《臘八粥》，李政安的《棒槌聲中脫坯忙》，譚秀萍的《喬成》，吳戰林、孫鳳梧的《拉林河畔金珠山》，吳戰林、蘇亞蘭的《金蘋果》，等等。

　　《扶餘國》期刊所刊眾多文學藝術作品，在弘揚地域文化、倡導燦爛文明的過程中，起到了很大的宣教和推動作用，成為扶餘境內及周邊地區廣大讀者不可或缺的精神食糧。

走出吉林的扶餘雕塑作品

　　到過江蘇沭陽花鄉名門生態園的人們一定記憶猶新——在這裡，西周青銅圖騰柱、圖騰蟠龍柱、獸頭花紋鼎、東坡硯台、沈括像等雕塑作品錯落有致地分布在小榭樓台、綠樹花卉之間，體現著設計者的獨具匠心。這些讓遊人們享受自然、領略現代鄉村風情，陶冶情操、感受江南多元文化，放鬆心情、體驗恣意觀光旅遊新時尚的造型獨特的雕塑作品皆是出自一人之手。他就是扶餘人張維傑。

　　張維傑曾進修於魯迅美術學院，他的雕塑藝術深得泥人張真傳。近年來，他採用水泥作原料進行雕塑，製作大型雕塑作品。主要雕塑作品有：二〇〇七

▲ 張維傑雕塑作品：西周出土青銅器——圖騰柱

年河北邢台南國水鄉雕塑作品《笑面大佛》《蛟龍游海》《送福觀音》《金龍蟠柱》；二〇〇八年河北平泉臥龍鎮臥龍生態園《碧波晨曲》《牡丹富貴》《松鶴吉祥》；山西蒲縣生態農場《霓裳仙曲》《二龍戲珠》；二〇〇九年甘肅省白龍江林管局舟曲林業局《鯉魚跳龍門》《十二生肖圖騰柱》、玄觀壁畫《黃山迎客松》《八駿圖》《松下會友》、仿銅作品《歲寒三友》《富貴滿堂》；二〇一〇年山東淄博海豐園《民族風情》《奏凱還都》《龍騰盛世》《君王出行》《太公垂釣》《侍女琴音》《王府公主》；為江蘇瑞陽生態旅遊開發公司製作西周時期出土文物獸頭花紋《鼎》《沈括》等作品。

▲ 張維傑雕塑作品：東坡硯臺

受人追捧的李景奎鞋塑

　　可愛的兔子、滑稽的小隊長、逗趣的口技表演……一幅幅生動有趣的手工藝品映入觀者眼簾時，大家忽然發現原來這些佳作的原材料竟是一雙雙顏色和款式迥異的舊鞋。作為中國民間文藝家協會、吉林省民間文藝家協會會員、松原市民間文藝家協會理事，李景奎的拿手絕活就是這一件件鞋塑作品。

　　李景奎一九五五年生於扶餘。多年來，他已成功地創作出六十餘件以鞋塑為代表的有觀賞價值和收藏價值的藝術作品。他創作的鞋塑作品《老外》及「垃圾藝術」系列作品於一九九九年獲松原市首屆藝術節一等獎；二〇〇二年，其作品參加長春市首屆民間藝術博覽會，吉林衛視《找你》《玩轉地球村》欄目進行專題報導；同年參加松原市首屆民間藝術博覽會獲特別獎；二〇〇三年九月，接受中國十大新聞媒體採訪；同年十月，其作品參加全市民間藝術博覽會獲特別獎；二〇一二年，魚骨畫《避邪》獲吉林省旅遊產品設計大賽二等獎。

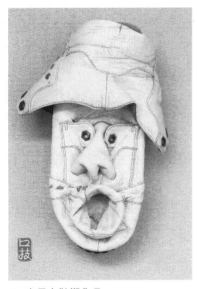

▲ 李景奎鞋塑作品

吉劇優秀劇目《關愛明天》

二〇一一年七月二十七日，對於扶餘市滿族藝術團來說，是個值得紀念的日子。正是在這一天，他們將歷經兩年多心血和汗水完成的大型音樂情景劇《關愛明天》搬上了松原市的舞台。一個剛剛成立五年的小劇團，能夠自編自創這樣一個大型的集音樂、燈光、舞美為一體的劇目，並將這個劇目在全市推廣，對於很多瞭解滿族藝術團的人來說，真的太不可想像、不可思議。然而，它就像一個剛剛咿呀學語的孩童，步履蹣跚著，真的就衝向了大千世界。

扶餘市滿族藝術團成立於二〇〇六年，現有演職人員近五十人。幾年來，在市委、市政府的關懷支持下，在上級業務部門的科學指導下，在市文廣新局的正確領導下，藝術團全體演職人員共同努力，主動出擊，一路摸爬滾打，攻堅克難，走上了一條「出精品，打品牌，抓特色，樹形象」的全新發展之路。

幾年來，市委、市政府加大了對滿族藝術團的財政支持，逐步改善了演職人員的工資福利待遇，極大地調動了演職人員的積

▲ 吉劇《關愛明天》

極性和創造性。二○一一年，市政府專門為藝術團調配了一台大客車，又協調省文化廳配送了一台演出專用車，有力地保障了各種演出活動的開展。該團克服各種實際困難，一方面，從包裝上下功夫，逐步加大燈光、音響等硬件設施以及演員服裝等方面的投入。另一方面，始終堅持「貼近實際、貼近群眾、貼近生活」的原則，促進各項工作開展。幾年來，共完成「送戲下鄉」二百多場，政府公益性演出七十六場，組織參與各類募捐演出九場。藝術團提倡演員「一專多能」。他們堅持「走出去，請進來」的方式，多措並舉，加強交流合作，提升了演員的整體素質和水平，擴大了創作、演出隊伍的陣容，實現了演出節目形式和內容的多樣化，助推了全市群眾文化活動的開展。

目前，藝術團已經連續承辦了三屆扶餘大金文化旅遊節的文藝演出活動。在二○一○年第二屆文化旅遊節上，該團推出第一部原創劇目——自編、自導、自演的滿族摺子戲《大金秋歌》，獲得了域內外媒體和社會各界人士的關注與好評。「十一五」期間，扶餘滿族藝術團屢獲殊榮。小品《家裡沒人》《狹路相逢》《江邊軼事》分別在第三、四、五屆吉林省藝術節匯演中，取得一、二、三等獎的優異成績。

由關占春創編的大型音樂情景劇《關愛明天》，以「宣傳《預防未成年人犯罪法》，優化青少年成長環境」為主題，是全省青少年法制宣傳教育之首創佳作。

為響應省委提出的振興吉劇的號召，該團全力以赴，集中人力和時間改編、排練節目，力爭將《關愛明天》演繹成一部精品吉劇，參加由吉林省文化廳舉辦的「2014 年吉劇優秀劇目匯演」。

百年老字號「增盛永」

神祕古井、曾經威震東北的「增」字號產業、韓家燒鍋，這些傳奇色彩一直伴隨「增盛永」走過了百年。走進百年老字號增盛永酒廠的釀造車間時，蒸騰的熱浪和陣陣撲鼻的酒香，使人感覺到彷彿穿梭時空，置身於百年前的增盛永酒坊，令人有了一種「初聞也要醉三分，未曾入口已銷魂」的感覺。

增盛酒廠始建於一八九○年，其前身是增盛鎮韓氏家族的增盛燒鍋。為使「增盛永」這一百年老字號得以世代流傳下去，十四年前，民營企業家王志遠投資興建了集糧食收購、白酒釀造於一體的現代民營企業——增盛永酒業，使「增盛永」從傳統作坊式的生產走上了傳統工藝與現代化技術相結合的工業化道路。

增盛永酒業有限公司現有近百公頃原料生產基地，年產量達千噸以上，儲

▲ 百年「增盛永」

存各類窖酒數千噸，二〇〇八年被評為國家 AAA 級誠信企業，產品榮獲「松原名牌」產品稱號。增盛永品牌被評為「吉林省著名商標」，由吉林省商務廳頒發「吉林老字號」榮譽牌匾。增盛永白酒釀造工藝現為「吉林省非物質文化遺產」。

增盛永的釀製技藝承載了中國北方農耕文化的歷史，傳承了悠久的燒酒釀製技藝。「好酒必有佳泉」，增盛永酒所用的水，都取自曾享譽東北的「韓氏燒鍋」百年水井。而圍繞神祕古井的傳說也一直流傳至今。據當地知情的老人回憶，早在清朝光緒年間，當時富甲一方的韓家為釀造出好酒，曾經花費重金打造了一口井，此井共分三層，而其中連接井底最細出水處的竹管直徑，僅有幾釐米。

▼ 有關「增盛永」的歷史記憶

時光荏苒，歲月如梭。在歷經百年滄桑之後，這口曾經給韓氏家族帶來巨大財富的古井卻隨著韓家的遷移而突然消失了。二十世紀九〇年代初，增盛鎮政府經過多次到外地探訪韓家後人，終於確定了古井所在方位，並組織挖掘，使這口歷經三個世紀的百年古井再一次重見天日。據參與尋找古井的工人講，他們在挖掘的時候，還曾經打撈出古代玉器等物品。

經查史料，咸豐初年，來自山東福山的青年農民韓惠銘，輾轉於奉天、德惠，最後來到西荒（今扶餘市增盛鎮）墾荒種地。幾經艱辛，韓惠銘開創了韓家最初的基業。後來，韓氏後人韓桂章，苦心經營，在嚴於管理、良性經營原來「增盛永」「增盛謙」等商號的基礎上，逐步將「增」字商號擴展到扶餘、雙城、哈爾濱等地。僅扶餘當地就有「增盛永」「增盛謙」「增盛福」「增盛怡」「增盛慶」「增盛全」「增盛茂」「增盛厚」和「增盛衡」等商號。至此，「增」字號在關東黑土上家喻戶曉。

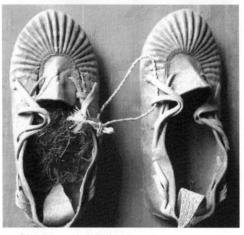

▲「增盛永」的文化傳承

據記載，當年的「增盛永」燒鍋共有兩個甄房，每個甄房七個工人，每班上料五石高粱，燒一千多捆秫秸，出四百多斤燒酒。韓桂章為鼓勵夥計多出酒，規定出五百斤酒，獎勵一口豬。每年五月節前做麴子，麴子房雇四十多個夥計，用糧六十多石，可出六千多塊麴子。

　　如今的增盛永酒業成立了專門研發部門，高粱酒、綠豆酒、小米酒等十幾個品牌的數十種白酒相繼問世，他們在堅持科學改進釀造工藝，提高產品質量，開拓市場的同時，逐漸形成了自己獨特的酒文化。幾年來，增盛永系列酒作為吉林省著名商標產品，遠銷到各大省會城市，常常出現供不應求的局面。以釀造技藝成功入選吉林省非物質文化遺產寶庫的「增盛永」白酒，其深厚文化底蘊讓人品酒的同時，感受到一種綿延百年的醇香。

　　近年來，增盛永酒業有限公司董事長王志遠一直致力於挖掘整理百年增盛永的相關歷史、文物。幾經周折，他終於找到了當年韓氏家族流落民間的十口木酒海。這些以海底松為原料，採用傳統民間工藝製成的神祕酒海，使儲存的白酒保持了濃郁的原汁原味。王志遠還蒐集了許多當年韓家人生產生活工具。其中，有當年「增盛永」大院的兩塊木製的三角形門楣：其中一塊長八十五釐米，寬三十五釐米，上刻六隻蝙蝠，意即「福在眼前，吉祥順達」之意；另一塊長七十三釐米，寬三十三釐米，上刻兩隻蝙蝠，其中一隻口中銜有銅錢，上書「日增」，另一隻口中銅錢上書「月盛」，連起來就是「日增月盛」。據介紹，這可能就是增盛鎮名字的由來。王志遠要建設一座包括酒文化在內的東北民俗博物館。

　　百年「增盛永」，承載著一段塵封的歷史，相信它一定會如甘醇清冽的白酒，歷經世紀滄桑，仍然愈久彌香，芳傳萬里。

第六章

——

文化風俗

扶餘歷史悠久，民風淳樸，民俗多樣。千百年來，各民族人民在這裡生產、生活，繁衍生息，形成了具有扶餘地域特點的民俗文化。這些異彩紛呈的民俗文化，以濃厚淳樸的大眾化品格，呈現著扶餘民俗文化的地域特徵。

日子富庶殺年豬

地處松嫩平原腹地，松花江、拉林河環抱的吉林省扶餘市，民間有「小孩小孩你別哭，到了冬月就殺豬，小孩小孩你別饞，過了臘八就是年」的滿族民謠流傳。

一進入農曆冬臘月，人們就開始準備過年了。準備過年的第一項工作就是殺年豬（回族居民除外）。這裡的農家往往在上一年的秋天就購買（或自留）一頭或幾頭豬崽，以備來年殺年豬用，俗稱「隔年陳的」。殺年豬當天，要邀請親戚、朋友吃殺豬宴。到了殺豬的前一天傍晚，就不給豬餵食了，為的是使豬的腸胃中、殘留物少一些，方便清洗。家庭主婦還要多切一些早已醃好的酸菜，以備煮肉時做燴菜用。殺豬時，接血的助手要一邊接血一邊用盆中的秫秸棍攪動，使血不凝固。接完血後，把豬血盆端到裡屋（居室）的火炕上，蓋上蓋簾和棉被，防止豬血冷凝成血餅。屠把在豬的後小腿上割開個小口子，把豬梃從這個口子沿豬皮穿到豬體皮下肉外的各個部位，穿的時候助手協助屠把給豬翻身，以便各處都通到，然後開始往豬體內吹氣，這時助手要用抬豬的槓子順著豬梃穿通的氣道進行敲打，使空氣串遍豬身，整個豬膨脹起來，方便刮褪豬毛，用繩子在吹氣的小口上面綁緊防止漏氣。然後屠把指揮大家把豬抬到已經燒好開水的鍋台上，用開水燙豬，用刮毛板給

▲ 許建明作《殺年豬》

豬褪毛。刮不掉的地方要澆開
水反覆刮，直到刮淨為止。

　　這時，男主人自己或打發
孩子去屯中的親戚朋友家，請
他們來家吃豬肉。在扶餘廣大
鄉村，殺豬請客是最高禮節，
能被請是榮幸的。這裡農村有
句俗語說：「做豆腐不趕趟，殺
豬請客來得及。」意思是：你是
不是真心實意地請客人家知道，

▲ 許建明作《年豬宴》

因為殺豬吃肉在幾個小時之內就能完成，而沒有十幾個小時的時間是做不成豆
腐的。如果沒有正當理由，請而不到、拒絕赴宴，是最大的駁面子。

　　褪完豬後，把豬從鍋台抬到案子上開膛，屠把先把豬肚子裡的胃腸、膀
胱、胰腺等取出，交給助手，由助手摘胰子和腸油，擼苦腸，倒出腸子和豬肚
子（胃）中的食物，洗淨備用。再取出豬腹中的心、肝、肺、腎（俗稱燈籠
掛），用綁豬嘴的那根繩子繫好，掛在室外窗戶邊的垛子上的木釘上備用。用
刀卸下豬蹄、豬頭，這時的豬肉叫整個，再沿豬脊梁骨中縫用刀斧劈開，俗稱
開半子，一分兩半後再從每半的中間割開，把豬肉斷開成為四塊，每一塊叫作
一角。取下每角上的豬油（板油），把豬肉放在通風處降溫，俗稱晾半子。

　　到了這個步驟，殺豬工作基本完成了，幫忙的人都要轉到幫助東家（農村
稱呼辦事人家為東家）做殺豬宴菜餚的活計上來。一般有：把血腸切得兩面油
光閃亮的「片血腸」，看上去顫顫巍巍、入口肥而不膩的「片白肉」，沒有半
點白肉、越嚼越香的「瘦肉塊」，拌上胡蘿蔔、切成菱形塊的「片豬肝」，豆
油炸製的「炸腰（豬腎）花肥瘦」，尖椒爆炒的「熘肥腸」，略有苦味、蘸著
蒜泥才好吃的「苦腸」，夾雜著薄薄肝片、瘦肉絲和豬血塊的「燴酸菜」，還
有放上炭火燒後再搓碎的乾辣椒片的「酸菜湯」等八菜一湯，殺豬菜本身就構

成了宴席標準的「八大碗」。有的人家還要燉魚、拌涼菜，再炒上幾道冬季罕見的青菜，使年豬宴席上的菜餚葷素搭配，色香味俱全。

待到菜餚全部做好時，東家宣布開席，每四個人一桌，一鋪炕上可以放三張炕桌，坐十二個人。大家盤腿坐在炕桌旁，每桌推讓一位年長或輩分高的人，由他開始端起倒滿純糧小酤燒酒的酒碗，喝第一口酒，然後按逆時針的次序傳遞給下一個人喝，喝過酒的人才能拿起筷子去夾自己喜歡吃的菜。如此輪流著喝酒吃菜，邊喝邊吃邊聊天，等著還沒有及時來到的客人。宴席上，主人一再讓酒，勸客人們「後手高點（大口地喝不留量）」「筷子長點伸著（揀可口的吃）」，客人們大碗喝酒，大口吃肉，菜是管吃管添的，主人一再強調：「吃吧、吃，多吃點，鍋（裡）還有呢，管夠。」

東家一再勸酒、讓菜，前來幫忙的和被請到的客人則一定要酒足飯飽方可離開。較為親近的人會留下，幫助東家把過年才食用的豬肉用冰雪埋上貯存起來。豬頭、豬蹄和腰盤（五花肉）埋在最下層，因為豬頭、豬蹄是在明年的農曆二月二日「龍抬頭」的時候才能食用，五花肉要在冰雪消融時才取出來，在一條條肉上塗滿農家醬，再把肉吊掛在陰涼通風處製成腊肉，以便六七月時熬豆角燉菜用。其他過年期間食用的豬肉、排骨放在最上面，然後用碎冰塊覆蓋好，再用雪面彌好冰塊的縫隙，然後澆灑上涼水凍成一個與大地相連的大冰疙瘩，既保鮮，又能防止偷盜、狗刨和鼠咬。

扶餘及周邊縣份的農家這種殺年豬宴客的習俗，一直傳承沿襲到今天，只是現在人們再也不需要鉋冰端雪埋肉了，而是使用電冰箱保鮮。積澱了幾百年的年豬宴風俗，在舊曆年前的冬天裡經常會遇到。人們把吃年豬宴作為交流感情的聚會，親朋好友之間對此津津樂道。

喜慶豐收淘年米

　　進入農曆冬月末的時節，場院裡堆積如山的莊稼全部脫粒完畢，就是打完了場，糧食歸了倉，入了庫，糧倉裝滿，囤子掛尖，一個實實在在的豐收年呈現在人們的眼前，農家大人、孩子的臉上洋溢著豐收帶來的喜悅。眼看就要出冬月進入臘月，於是家家戶戶到屯裡的碾坊排號碾米，準備進入臘月中下旬大家一起淘年米。排號做法是把需要碾磨去皮製米的糜子或是穀子盛裝在木頭製作的升裡，或者葫蘆瓢中，也有用瓦盆的，把這些盛裝著糧食的器具拿到碾房，按先來後到的順序放在碾房的扇車出糠的風筒上，問好上一份是誰家的，你就是他的下一號，這就是農民所說的「扔把笤帚占個碾子」，上一號碾軋完畢，下一號天經地義就是你了。到了臘月十五前後，各家各戶基本都把帶皮的糜子、穀子碾軋成米後，就開始按居住的方位順序排號碾軋黏米麵了。一般是今年從屯東南第一家開始，依次是南街由東到西的家家戶戶，然後從南數第二街西數第一家往東折，第二街完成後，第三條街還是由東往西挨號進行，最後一條街就是屯西北角的一家是最後一份。明年可能從東北角開始，後年可能從西北角開始，如此輪流，每年不同。如果這時誰說自己家還沒有碾米，要大家等幾天再淘米軋麵，是會被大家恥笑、瞧不起的，主要是笑他懶，不及早排號碾米，事事落於人後，二是笑他「熊包」，不是個正經過日子的人。只好叫他借米淘年米，等大家軋完黏米麵，他再碾軋糜子、穀子還人家米。因為碾軋年米前，大家要給碾坊大掃除一次，而且要把門窗堵嚴，在碾盤上生火使碾子熱呼不沾米，碾房裡點上油燈照明，不分晝夜一家接一家地碾軋不停，上、下號住戶的男人們互相幫助，用兩個麵籮（很細的篩子）篩麵，保持著碾房內不上凍（溫度在零上幾攝氏度），淘洗得很潮濕的米放在碾子上不凍，直至所有淘米的人家全部碾軋完畢為止。整個屯子幾乎沒有不淘米的，如果有誰家不淘年米，那是有極特殊情況（天災病禍而致）或是窮得幾乎揭不開鍋的人家。過年

沒淘起米的人家和大家要淘米了他還沒有碾米的人家一樣，在幾年之內經常會被屯鄰們當作「話把」（即話題）加以議論。

▲ 包豆包

淘年米就是把較大數量的黏米（一般是大黃米）用水洗淨撈乾，碾軋成麵，發酵後蒸製成乾糧，放在倉房的櫃子裡貯存，以備在正月、二月裡作為主食食用，或供大人孩子當零食吃。黏米有多種糧食，常見的有：大黃米、小黃米、糯米（黏大米）、黏玉米、黏高粱米等。大黃米是糜子碾軋去皮的米，粒比較大；小黃米是黏穀子碾軋去皮的米，粒比大黃米粒小，糯米（江米、黏大米）是黏水稻碾軋去皮的黏大米，呈白色。一般每家淘年米時只淘一種或幾種黏米，蒸製的食品有黏糕和豆包。

淘米的過程比較簡單，就是把上述的一種或幾種黏米分別放入鍋、盆或缸等比較大的容器中淘洗，每換一次水，為一和（或一遍、一次），一般淘三和乾淨為止。然後將米從水中撈出來，放在籮筐、編織袋等緻密但透水的盛具裡，控乾水分後碾軋，用籮篩麵，黏米全部碾軋成麵後，即進入製作生食品工序。

蒸黏糕。碾軋並經過麵籮篩過的各種黏米麵，不必經過炒麵、和麵和發酵的過程，就可以直接蒸製黏糕。春節前蒸製黏糕，也叫年糕，人們取其寓意，期盼生活一年比一年更高。具體做法是鍋底添適量的水，把蒸熟的芸豆或泡好的大棗放在鍋或蒸籠的屜（俗稱簾子）上，用文火燒鍋，一層一層往上面撒黏米麵。撒到一半的厚度時，中間可以再放一層芸豆或大棗起到串氣的作用。接著再撒黏米麵，直到夠厚為止，上面放上芸豆或大棗。黏糕又叫棗糕、千層糕或切糕。

蒸豆包。在黏米磨成麵以後，把黏麵部分輕炒，兌入適量不黏的麵子，調節其黏度，還要進行發酵。發酵是將兌好的黏麵用適量開水燙一部分並兌入沒燙的麵子，充分攪拌和勻後放入比較大的盆或缸中，置於比較熱的地方。農村一般放在熱炕頭，並覆蓋棉被，使麵發酵，不能太急又不能太緩，否則會使黏麵變酸變味。還要把做餡的芸豆、紅小豆烀熟，然後攥成鴿子蛋大小的豆餡團，俗稱攥豆餡，用來包豆包。

因為每家每戶所淘的年米都在百斤左右，甚至更多，因此蒸黏豆包時鄰里、親戚間的女人們互相幫忙。這種合作是從攥豆餡開始的，女人們要在麵發酵前，互相幫助把豆包餡攥完，等待蒸豆包的麵發酵了，就可以包豆包了。黏麵發酵好了，放到比較涼爽的地方，一家人或是鄰居親朋幫助蒸豆包的分工大致是：大多數人包豆包，把發酵好的黏麵放在手中，簡單做成一個小窩頭，把豆餡放入窩頭的眼中，捏合封閉後把黏麵糰成一個略顯立柱型的圓球，它叫生豆包。把做成的生豆包擺在蓋簾上，以備裝鍋蒸熟。經驗豐富、手腳麻利的女人把生豆包裝到鍋中的簾屜上，要裝得不緊不鬆。緊了，蒸熟後擠成一團，分不出個數，起鍋時會弄得破爛不堪，露餡兒且沒有光潔度；鬆了費工浪費燃料。鍋裝好後生火燒開，滿廚房中蒸汽瀰漫，幾乎看不到別的物品，當聞到豆包熟味時，確認蒸熟了才停火涼鍋。一般用兩個簾屜交替使用，蒸熟出鍋即裝下一鍋，這樣既省時間又節約燃料。起豆包的女人開始起鍋，又叫揭乾糧。把蒸熟出鍋的豆包簾屜放在案板上，拿起木、竹做成的起幹糧板，蘸上碗中的涼水，在一個或兩個豆包的邊緣切開，從簾屜上取下豆包，放在備用的蓋簾上晾涼，一鍋豆包起完畢，把蓋簾端到天寒地凍的冷屋子或室外，等豆包涼透了，其表面光澤剔透、色澤誘人。有的人家還要用早已準備好的玉米穗子的軟葉把豆包包起來，既衛生又能保持豆包表面的光澤。

豆包蒸到最後，如果剩麵不夠蒸一鍋的，就留下用它烙黏糕餅吃，不用再烀豆餡蒸製豆包。如果剩豆餡，待到臘月二十九蒸上供用的餑餑時，用豆沙做餡蒸一些豆沙包食用。

享受美食包凍餃

在清朝初期的康熙二十二年（1683年），朝廷設立吉林（船廠）通往齊齊哈爾（卜奎）的驛路，在扶餘（那時稱為「伯都訥」）境內設置有陶賚召（今扶餘市陶賴昭鎮北陶屯）、遜扎堡（今扶餘市五家站鎮內）、浩色（今扶餘市新站鄉新西屯）、舍哩（今哈達山鎮社裡屯）、伯都訥（今寧江區伯都鄉伯都屯）五處驛站。驛站的驛丁在立冬以後就開始包餃子，然後放到天寒地凍的室外把餃子凍起來，冷藏在木櫃、大缸中，供上一個驛站的驛丁和本站的驛丁交接班的時候食用，即本站的驛丁在接班時就燒開水煮凍餃子吃，準備接班騎馬上驛路傳書去。上一個站的驛丁來到後，他把所帶的書囊交給本站的領催（值班的站官），由領催派給本站當值的驛丁接班傳往下一站。到站的驛丁邊煮餃子邊休息，吃飽飯後返回到自己所在的驛站。餃子是飯菜一體的食物，便於儲藏和食用，凍餃子在食用時省時快捷方便。因此站人無論在站上，還是在家裡，素有包凍餃子的習俗，清閒的時候包餃子，凍好儲存起來，需要吃的時候只要燒開水煮熟就可以了。驛站設立的時候，這裡還是荒無人煙的原野，站官、驛丁都是由滿族等少數民族人充任的，因此包凍餃子這個習俗，就是滿族先民學習關內北方漢族人吃麵食的飲食習慣，順應扶餘地方寒冷天氣長達二百多天的氣候特點，利用冰天雪地的自然條件，創新發展並遺留下來的習俗。民間效仿他們，至今扶餘城鄉居民仍然保留著這種習慣。

包餃子並不麻煩，它有葷餡、素餡的區別。

▲ 包凍餃子

葷餡可以根據自己的口味，選取豬、牛、馬、羊肉，切成肉丁或肉泥，現在用絞肉器絞餡，再配上時令青菜，和餡的時候用好各種作料，餡的乾稀可以用豆油、老湯來調整。素餡餃子是沒有肉和動物油的，品種有三鮮、海鮮，各種菜餡更是不勝枚舉。一般根據吃餃子的時間來把皮麵和軟些或硬些，一定要醒好麵再揪皮。包的時候要捏嚴口，防止蒸、煮的時候發生漏湯、露餡兒影響餃子的口感和外觀。

一直以來，扶餘周邊的城鄉居民在立冬之後，家家戶戶開始張羅包凍餃子。包凍餃子時全家動員，邀請親戚鄰里前來幫忙。一般由經驗豐富的家庭主婦根據自家人的口味和餡子，擅長做麵食的人和麵揪劑子，揪皮快的人揪餅，手腳麻利的人擺餃子，大家共同動手包餃子。包滿一蓋簾用紗布或是紙苫好，先放在冷屋子或是室外進行冷凍，凍透了再裝入布袋、紙袋中，存放在室外的木製箱子或櫃中，如此一直包到完成預定的數量為止。在冰天雪地的季節裡，包好凍透的凍餃子長時間冷凍冷藏也不會變質，非常方便在冬、臘月期間食用。而來人待客食用的餃子因為數量少，還是現吃現包，既顯得對來客的重視，又表現出濃濃的誠意。

參加包餃子的人是主人特意邀請來的，同時也是一種自願組合，這個臨時的小團體，反映著民間生活的方方面面。

歡聲笑語扭秧歌

秧歌是一種老幼皆宜的民間舞蹈。在東北城鄉，一年中隨時隨地都能看到。扶餘境內春節期間的秧歌，一般是村屯或街道自行組織的。節前的各項活動是屬於排練性質的，由一個或幾個召集人負責組織，進行演練。

一支秧歌隊除了召集人外，現場負責人就是拉大衫的。他負責指導排練，調度整個秧歌隊，是集領隊、導演於一身的指揮員。在他的指揮調度下，男女隊員分為上裝和下裝兩個小隊，上裝就是女生隊，年輕的大姑娘、小媳婦頭戴高高的絹花帽，描眉打鬢，身穿紅襖綠褲，腰紮五色綵帶，綵帶在左側留有及地長頭，扭秧歌的時候，右手舞動扇子，左手舞動留出的綵帶。下裝是男生隊，頭上紮著白毛巾，臉上濃眉重彩，不同的是綠襖粉褲，腰紮綵帶。男女兩隊人數相等，隨著嗩吶吹奏的樂曲，踏著敲打的鼓點，男女兩人對扭，邊扭邊向前走去。

▲《西遊記》人物扮相

正月初一開始，秧歌隊坐車到各村屯或單位拜年演出。下車後，男女秧歌角子就自動排隊，上裝在左側，下裝在右側。表演時，拉大衫的走在隊伍前方的中間。他穿著平時的服裝，唯一特殊的地方是身披一方大紅或大紫的綢緞斗篷，斗篷上兩個角繫在脖子上，右手舞著一把比較大的扇子，左手捏住斗篷的左下角舞動，邊扭邊以手勢指揮著隊伍。在嗩吶、鑼鼓、鈸等吹奏的民樂聲中，秧歌隊翩翩起舞，扭起歡快、火爆的大秧歌，吸引來滿街男女老少觀看。秧歌隊中扮演孫悟空的角色，他手中舞動金箍棒，穿行於隊伍中間，不時向觀眾扮出活潑可愛的猴相；大腹便便的豬八戒，手持鋼耙，去撓路邊看得直眼的大男孩兒。大男孩兒發現豬八戒用鋼耙來撓他，氣得從衣兜裡掏出麻雷子，在嘴邊的煙頭上點燃，惡狠狠地扔向步履蹣跚的豬八戒的扮演者，嚇得婦女老人急忙躲開。更有那反穿皮襖、身帶馬串鈴、打扮成妖魔鬼怪的角，手持花鈴棒，上躥下跳，專門往年輕婦女近前湊……這是一夥典型的地秧歌，他們在前面廣場打場，樂隊吹起了豐收樂，秧歌隊員開始掛斗，就是在場地某些個地方畫圈對扭，圈中的大人孩子都要撤出去，場地畫得差不多夠用了，樂隊戛然而

▲ 扇子舞起來，秧歌扭起來

止，秧歌隊員或走出場外休息，或和認識的親戚老鄉嘮嗑。這時嗩吶再次響起，只見拉大衫的走到場地中間，即興朗聲清唱：「一進屯中我好喜歡，前來給老少爺們拜個年。」這時樂隊奏樂，他接著唱道：「今年拜年來得晚，過年拜年初二、三吶」。樂隊的鑼鼓響一陣，觀眾議論道：「明年早點，都初四了才來。」他看著太陽，接著唱下去：「我有心唱上他三、五塊，一看太陽偏西要落山。」看熱鬧的人群中有人喊：「別怕，天黑就住下，多演幾塊。」樂隊的鑼鼓響兩陣，他看到召集人從辦公室出來，接著唱：「別給老少爺們麻煩添，我還是打道回府往家轉吶。」樂隊的鑼鼓三陣，嗩吶響起，秧歌隊員集合，在拉大衫的帶領下，邊扭邊向來時停車的地方走。身後只有一群小孩子看熱鬧，大人們早就各回自家了。

還有踩高蹺的秧歌隊，隊員的腳下都綁著一尺多高的高蹺腿，在嗩吶、鑼鼓的樂聲中翩翩起舞，人彷彿在空中，飄飄欲仙，非常好看。有時地秧歌隊與高蹺隊相遇，地秧歌隊沒人看，俗話說被「曬台」了，不知道地秧歌隊中誰出的主意，上裝騎坐在下裝的肩頭上，上裝在上邊舞，下裝把住上裝的腳，合著嗩吶、鑼鼓等吹奏曲子在地下走，也很像樣子。由於奇特，人們又都回來看這奇特的秧歌，倒把高蹺隊給曬台了。

各種秧歌隊在每天的串屯表演時，會得到一些餽贈，拜年的賞錢或是香菸。回到家中，召集人會按預定的方案，按等級分發給大家。嗩吶手和拉大衫的掙固定的工錢，為一等。司鼓、敲鑼、打鈸和能唱二人轉或單出頭的是二等，秧歌角子和抬鼓、打旗等打雜的是三等。除掉這些開銷，剩餘無論多少都歸召集人。香菸作價平分給大家，如果有願意要的，抵減他的工錢。總之是扭秧歌拜年取得的錢和物，每天「看湯下麵」式分配，即一天一利索，過了初五就散夥。

送神祭灶始過年

扶餘民俗說：臘月二十三，灶王爺上天。農曆臘月二十三，民間稱為小年，居民家家戶戶早餐吃餃子，男孩子們拿出珍藏已久的鞭炮，開始燃放。舊時這一天是祭灶節，人們用準備好的穀草、黑豆和麥芽糖祭祀灶王爺。據說灶王爺是天上的玉皇大帝（俗稱天老爺）派出長住人間每個家庭的神，被供奉為「一家之主」，自上一年的除夕以來就一直留（駐）在家中。每到臘月二十三這一天，灶王爺奉命回天宮向玉皇大帝匯報他所在的這一家的情況，要把這一家一年來不敬諸神、不孝敬老人、做惡事等情況匯報給天老爺，讓天老爺降災難給那些不敬不孝的人和家庭，以懲戒、教育他們，使其改掉惡習。

居民供奉的灶王爺牌位中，灶王爺居中，左右各有一個灶王奶奶，共三個人，下面有狗和雞的圖案。過去農村祭灶時一般要用秫秸梢折成三匹馬，供灶王爺和灶王奶奶們上天時候乘用。因此，祭祀灶王爺用的穀草和黑豆是給灶王爺所騎的馬的飼料，麥芽糖是給灶王爺吃的，讓他甜言蜜語上天言好事，不講所在人家的壞話，說壞話糖就會黏住他的嘴。

送灶時，要在灶王爺牌位前供奉上黑豆、大塊糖（麥芽糖），男主人要高聲朗誦《祭灶歌》。民間傳承下來的祭灶歌的內容是：

灶王老爺本姓張，

▲ 賈亞波作《敬灶神》

來到人間做灶王，

一年看遍家中事，

前往天宮見玉皇，

騎著馬、挎著筐，

攜著狗、帶著雞，

揣著糖，上上方。

上上方、見玉皇，

好話多說、壞話不講，

求玉皇：春天早下透雨，秋天晚來霜。

別下臭霧、免去災和殃，

五穀豐登多打糧，

天下太平、民生得安康。

另外，在舊社會，扶餘各個集鎮裡私人開設的店鋪東家從這一天開始給雇工、夥計改善伙食，按節日標準，一天兩餐均是細糧，每餐四個或是六個菜，俗稱四六八碟的，晚飯還管酒。原因是城鄉居民家家戶戶從這一天開始購置年貨，銷售到了旺季，店員格外累。其實是要他們更加賣力地在節日來臨期間，為店主賺取更多的利潤，還能使東家獲得好的口碑。常言說「民以食為天」「吃誰向著誰」，可見臘月二十三買賣店鋪家開始「換飯」的習俗，不只是籠絡人心的手段。

現在，隨著人們對農曆節日的淡化，能記得有這麼一說的人已經不多，因而上述情況比較少見了。總之，自古以來從這一天開始，扶餘及其周邊地方的人們就張羅著準備過年了。人們忙碌著，所做的一切，都和過年息息相關。

除舊迎新掃塵土

　　扶餘民俗說：二十五，掃塵土。民間有「離地三尺有神明」的說法，在農耕時代，由於受迷信思想的束縛，就連室內搞衛生打掃塵土也要看一看黃道吉日牌是否吉利。如果吉日牌上說今日不宜，那是萬萬不能動手搞衛生的。據說農曆臘月二十五這一天是一年中最後一個龍鳳日，在這一天打掃衛生是不會得罪各路神仙的。因此，這一天家家戶戶清晨即起，大人、孩子齊動手，屋裡屋外打掃衛生。女人把室內天棚和各個角落打掃得乾乾淨淨，把物品擦得見到本色，銅鐵器皿泛著金屬的光澤，窗戶上的玻璃清潔剔透，一塵不染。火炕上的炕席捲起來拿到室外敲打一番，要把火炕炕面上的浮土掃淨，換上一領自己起早貪黑編織的（或者是買來的）新炕席。沒有新炕席的人家要把舊炕席拿回屋裡鋪在炕上，用馬蘭根紮成的刷子沾鹼水仔仔細細地刷一遍，直到泛黃的席篾

▲ 趙昕作《除舊迎新》

之間看不出來有黑色髒污物為止。天棚上掃去了塔灰，牆壁貼上了新年畫。人往屋一進，感覺到清爽異樣，給人面貌一新的感受。喔，真有了過新年的意思啦。

每年臘月二十五這一天，當家的男人早早起來，把灶膛的灰掏出來放在灰坑子裡，挑起水桶到井台挑回一擔又一擔清水，把水缸加得滿滿的，再把炸豬肉用的桦子抱到灶膛邊。等吃過早飯後，女人開始刷鍋洗碗。男人在抽透了一支煙之後，不聲不響地去倉房中取出鐵鎬、鐵鍁和簸箕，走到年前殺豬時凍豬肉的地方，用鐵鎬刨開冰，把肉放在簸箕裡，分幾次端到屋裡，放在大盆或笸籮中慢慢解凍，再把沒有挪動的豬頭、豬蹄用冰雪埋好，灑上冷水凍上，最後再把多餘的冰雪掃到一起，用土籃裝上，挎到院外倒在坑裡。

男人把灶房中一個冬天沒有吃盡的倭瓜、角瓜裝進土籃子，挎到院外倒入灰土坑中扔掉，然後開始在院內院外搞衛生。院落牆角的積雪清除得干乾淨淨，通往院外的甬路掃了又掃，找不到一點柴火末，車輛農具擺放得井井有條，再挑剔也找不出重放的理由。房前屋後的柴火垜底清理得溜淨，炸肉、煮餃子燒火用的桦子碼得溜齊。髒水池子也用鐵鎬刨得深深的，並用冰塊壘好了邊沿，倒一個正月的髒水也不會流淌到池子外面。房前屋後的街路，也反覆掃了幾遍，雪末冰塊用土籃子裝好扔到院外的土坑中，就連院牆下特意留的排院子裡水的排水洞，也用磚頭土塊堵得嚴嚴實實。

日子紅火烀豬肉

扶餘民俗說：二十六，烀豬肉。這一天的早飯後，女主婦忙活著餵豬、刷鍋、溫水洗碗，男人不吭聲地紮上圍裙，去柴火垛抱回一捆秸稈，到杵子垛選了一堆粗細不同的杵子，做好烀豬肉前的準備工作。因為這一天例行的準備過年的活計就是烀豬肉，多年來約定俗成，已

▲ 唐朝陽作《烀豬肉》

成自然。昨天（臘月二十五）從室外刨回的凍豬肉，經過一天一宿在室內自然解凍，基本化透了。男人在女人的指導下，把排骨剁成段，把洗乾淨的肉切成相應的塊，放入鍋中，放好作料，加足了水，開始點火烀肉。

男主人會默不作聲地從腰帶上解下裝著蛤蟆煙（自種的土煙）的煙口袋，掏出煙口袋中巴掌長的小煙袋，順手在煙口袋中扭一下，為自己裝上一袋煙，再從灶膛邊拿起一枝正在熊熊燃燒的細杵子，用杵子的明火點燃煙袋鍋中的煙。然後，男主人搬來個小板凳，對著灶膛門坐下來，烤著灶膛中的火，撥弄著灶膛內噼啪燃燒著的杵子，聽著呼呼作響、沸騰著的烀肉鍋，聞著愈來愈濃的肉香味，在閉目養神中盤算著來年的日子，陶醉在無比幸福的年味之中……

祭祀神明把雞殺

臘月二十七，春節的腳步越走越近，近得我們彷彿都聽見了除夕的鐘聲。家家戶戶、大街小巷全都熱鬧了起來。在吃過了肉以後，二十七要做的一件重要事就是「宰雞」。民謠中「二十七，殺隻雞」，說的就是這個意思。之所以在這一天殺雞，是因為「雞」同「吉」諧音，有吉利、吉祥如意的意思。傳說公雞是化身在人間報時的吉神，宰了它就是讓它回天庭休息，給玉皇大帝報這家人是否勤勞。

二十七這天殺雞不只是應景，主要是這一天有點事做。這個時候的氣候，正是滴水成冰的「三九四九打罵不走」大寒節氣，當年雛的小公雞也長到了時候，為了過年上供和食用方便，要在這一天將除留作種雞外的公雞全部殺掉。

▲ 季洪武作《殺年雞》

人們對於殺生食肉還是有所顧忌的，於是在早飯後，把要殺的公雞從雞架中擒出來，在宰雞的時候往往要念叨一句「陽間一刀菜，今年去了過年再回來」，然後把雞逐一殺掉，再把死雞和接血盆拿回廚房。還要撮些雪，覆蓋在滴在地面的血跡上。

當男人忙活完了室外的活計回到屋裡時，女人已經把雞腹部、翅膀下絨毛摘下放在布口袋中，留著添加到睡覺鋪墊的毛褥子中，能夠

絮撣子用的軟毛翎也用紙包好，待到出了正月絮製撣子用。她把已經燒開的水從鍋中掏到盆裡燙雞摘毛。男人接手擼雞翅膀上的和尾巴上的翎毛，讓女人騰出手來去做摘雞毛、燎絨毛的細作活。男人待女人把雞收拾得光禿禿的，接手給「雞光子」開膛，取出雞的內臟，再把褪下的雞翎、雞腸子等廢毛等廢物、廢水端到院外，倒入漚肥坑裡。女人在屋內收藏好雞光子，廚房地面灑落的水也擦得乾乾淨淨，忙完了這一項，一家人開始做別的過年應該做的活計。

　　臘月二十七殺雞也是有講究的。殺好的雞，不在當天吃，要放在缸裡或箱子裡冷凍起來，留著上供和過年食用，而且，除夕夜吃的時候也不能吃完，要一直留一點。因為，雞本身代表了大吉大利，所以節日期間，天天都要在餐桌上見到雞，這樣才算圓滿。另外，因為老理講究初一不能動刀，所以，這些東西當然也就要提前準備好了。人們沿年成俗，殺公雞等就成了按部就班的習俗。

　　過年當天，主人要在中午前把各路神仙供奉妥當，並燃放少量鞭炮，歡迎各位已故親人及神靈回家過年。在供品中，供奉祖宗牌位的必不可少要有全雞，就是把剛剛弄好雞光子去掉腿爪，放入配好作料的鍋中煮熟，然後把雞頭放入膛中，再根據自家的製作方法進一步烹製，如熏、蒸、烤、燒（紅燒）等工序，製成具有本家特色、風味的全雞，待全雞製成後放入盤中，就是四種貢盤（方子肉、魚盤、全雞、糖盤）之一。

蒸饃祭祀把麵發

　　扶餘民俗說：二十八，把麵發。過年的時候祭祀祖先是非常重要又莊嚴的事項，所用祭祀品親手製作更是意義深刻。到了臘月二十八，大年馬上就到了。趕快發酵麵粉，以備除夕日蒸製出供奉祖先、神靈用的餑餑（雞蛋大小的饅頭）和過年期間家人食用的大饅頭。供奉祖先、神靈的餑餑，要碼成三個為底，上面兩個重疊的供擺，最上面的一個還要用五支新筷子綁成齊整一匝的筷子頭蘸紅色印在光潔的餑餑麵上，成梅花狀的圖案，擺在供桌上使人看了賞心悅目，別具匠心。

▲ 韓玉林作《供》

▲ 韓玉林作《餑餑模具》

　　民間故事《蒼龍的傳說》就和這個民俗有關。在伯都訥屯田之地開荒占草的時候，來自關內各地的先民們把家鄉的耕作、飲食習慣和信仰習俗帶到了這裡。在稼字三號荒的西側，有幾戶墾荒人家自然成屯。其中有一戶墾荒人家，丈夫來自山東，妻子是錦州府人。丈夫家在關裡家原本是有田有糧的大戶人家，家裡供奉著蒼龍。蒼龍是傳說中雌雄一對的稷（黍）神，民間稱為五穀神，它庇護著供奉它的人家年年風

調雨順消災難，歲歲倉滿囷流人平安。這戶人家祖上曾在蒸餑餑的時候，捏製了人首蛇身的一對蒼龍，用紅小豆給雄蒼龍做眼睛，用綠小豆給雌蒼龍做眼睛，然後放入籠屜裡和餑餑一起蒸製。蒸熟後的蒼龍栩栩如生，丈夫做了個精美的神龕，把一對蒼龍供奉起來。自從家中供奉了蒼龍，男人在田裡幹活格外來勁，女人在家做家務得心應手，土地年年豐收，家裡添丁進口，日子紅紅火火，年年有進益之喜。後來，這家的一個女兒把蒼龍偷回夫家供奉。蒼龍輾轉回到自家時便開始風化，漸漸變成了齏粉。從此這戶人家連年不順，破產還債，當家的為此抑鬱成疾，病重時他也不准女兒回家來看（時間是過了小年之後），正月初四就病故了。他的後人據此立下規矩，從過年請神開始，一直到年後把老祖宗（家神）送走前，這期間不准出閣的女兒在娘家過年，但是允許外甥、外甥女在姥姥家連續過三個年。

蒸饅頭的寓意還在於表示這個家庭今後的日子會更加「起」「發」、興旺發達、生機勃勃、蒸蒸日上。就是俗話說的「不蒸包子蒸（爭）口氣」。

除了蒸製上供的餑餑以外，一般還要蒸饅頭、花捲，供家裡大人孩子在正月裡食用，細心的主婦會做一些甜食供家人享用。過去糖是稀缺之物，有錢都不一定能夠買得到，心靈手巧、會過日子的女主人在秋天裡就把種著餵豬的甜菜疙瘩積攢起來，冬天天冷時給豬烀食的時候，她不怕費工費力，用擦菜板把涼得冰手的甜菜疙瘩擦成甜菜條，放在鍋中煮，煮好後把甜菜渣滓用笊籬撈出餵豬，把含糖的水保存起來，幾次以後，含糖的水積攢夠一鍋了，就把所有的含糖水一起燒開熬燉，直到鍋中的水蒸發掉一多半，剩下鍋底紅褐色黏糊糊的膏狀糖水，俗稱「糖稀」的東西，把糖稀盛入罐子中，加蓋保存。這樣做既給豬餵了食，又燒暖了炕、熱乎了屋子，還給家人存儲了美味甜食。待到除夕日蒸麵食的時候，從裝糖稀的罐子底部摳取黏度較乾的糖稀，兌入一些麵粉，攪拌成糖餡，製作糖三角。再把蒸豆包時剩的豆包餡製成豆沙包放入鍋中蒸製，大人孩子就可以吃到各種形狀、有餡或無餡的各種麵食，給歡樂祥和的春節增加紅火、甜蜜的氛圍。

喜貼春聯福來到

扶餘民俗說：二十四，寫大字；二十九，貼道有。「道有」，就是春聯，也叫對子、對聯。寓意是有福、有財、有餘糧。扶餘民俗在每逢過舊曆新年（春節）的時候，家家戶戶都要在自家的院門、房門上貼新春聯。還要在門上貼福字，有馬有車的人家，在車轅上貼「車行千里路，人馬保平安」，在餵馬的槽子上貼「槽頭興旺」等橫幅。

過去，讀書的人少，寫毛筆字能拿得出手的人更少，因此在鄉村中，只要他會寫毛筆字，又肯給左鄰右舍的屯鄰代勞，無論其社會職業是什麼，都會受到人們的尊重，而被求的人稱為「先生」。所謂寫大字，是用毛筆、黑墨在紅紙上寫大福字、春聯、三代宗親、春條等等。其內容都是祈福迎祥的詞，就是老百姓說是「拜年的嗑」，如貼在室內的「抬頭見喜」，貼在雞架上的「金雞滿架」，貼在豬圈門上的「肥豬滿圈」，貼在糧囤子上的「餘糧萬石」，貼在井台上的「井泉龍王」，總之，一家要寫上十幾種，一般要用兩三張大紅紙，務必在年三十前完成。委託他人代勞的人，在閒暇無事的時候，還要經常來先生家看一看，看先生給自己寫完沒有，如果寫完了，趕早拿回家中，免得經常來先生這裡打擾，自己也完成了過年的一項準備工作。往往會是幾十家的湊

▲ 寫大字，貼春聯

在一起，可見寫字的「先生」要用一定時間，既要找詞，又要規範地寫出來，勞動量很大，是需要下一番功夫的。人們一般是在過了小年後，就把買好的紙和墨送到所求的先生家中，免得此先生忙不開，還得去求另外的人。「二十四，寫大字」的民俗即由此而來。

由先生寫好的春聯、福字、橫批和春條，居民會在農曆臘月二十九這一天上午，貼在院門、房門、門窗等地方。貼對聯是有講究的，由於對聯書寫順序是從上到下的豎條，而豎版文字要從右側讀起，又因為對聯的用詞是相對或相近的，哪條是上聯，需要先貼或先念呢？看橫批的書寫順序。如果橫批的是從左往右讀寫的，那麼左側那聯是上聯；如果橫批是從右往左書寫和認讀的，右側一聯是上聯。

貼對聯時，橫批、福字下面還要貼三個或者是一個掛錢（五彩紙製成豎長方形的剪紙）。紅底黑墨寫就的春聯貼在門框上，如同冰天雪地中返青泛綠的枝條，在寒風中抖動的五彩掛錢，如同朵朵綻放的臘梅花，在皚皚白雪的映襯下，顯現出勃勃生機。寒冬即將結束，生機盎然的春天來臨了，春天給人們帶來了暖意，給生活帶來了希望。福字有時倒著貼，只有向內開的門上的福字可以倒著貼，俗稱「福來到」。

家中如有老人去世，一般是三年不貼對聯的。也有第一年不貼，第二年貼藍底黑字的對聯，第三年貼紅底金字的對聯，第四年恢復正常，以示祭奠。這些做法隨著人們生活習慣的改變和寫對聯條件的進步，已經逐步淡化了。

現在，隨著人們的生活水平提高，除非是書法愛好者，又有常備的筆墨硯紙，屆時即興自己寫上幾副春聯貼，很少有人自己去寫對聯，多數人都是在趕集置辦年貨時買齊全印刷的春聯、福字、春條和掛錢，也不再給寫字的先生添麻煩，寫字的先生也不必為忙不開而煩惱了。

吉慶有「魚」過大年

農曆臘月的最後一天（二十九或三十）的晚上是除夕夜，稱為過年或過大年，民俗說：三十家家團圓過一宿。文化人稱為除夕，意思是月了歲盡，舊歲至此而除。又因為它與春節（新的一年正月初一）首尾相連，人們要除舊布新，所以過年守歲是民間最隆重、莊嚴、喜慶的過年活動，一切都圍繞著合家團聚、消災祈福、歡樂祥和的中心而進行。

準備年夜飯。掌燈時分，一家人團團圍坐在一起，有說有笑地回顧著在即將過去的一年裡所取得的成果，其樂融融地準備年夜飯的主食——包餃子。餃子是元寶形包餡麵食，平時用什麼做餡都可以，但是年夜飯的餃子一般都是素

▲ 寧玉峰作《年》

餡的，取「年年素淨」的吉祥含義，餡多為芹菜和過油的凍豆腐和成。芹菜取之諧音「勤」，過油意為過年（來年）加油，凍豆腐取之諧音「鬥」，整個寓意為在新的一年裡繼續加油，「勤勞」和「奮鬥」。也許是不忘當年老祖宗戰天鬥地、在年節時也吃不上肉餡餃子的緣故，在今天的好光景裡，人們仍然不敢忘本。

發旺火，放爆竹。到了除夕的午夜時分，也就是從天交子時（午夜 11 時至 1 時）開始，居民家的男子都要走到室外的庭院中，男主人點燃預先準備好的穀草或芝麻秸，叫作發旺火，也叫發大紙。寓意是今後的日子紅紅火火，節節高昇。男孩子點燃鞭炮，男人放二踢腳（雙響子），還要焚燒一些紙錢，表示送給那些無家可歸的冤魂野鬼。大人、孩子提著點燃蠟燭的燈籠，圍著火堆轉圈子，邊轉邊念叨：「接地氣嘍，踩小人啦。」在這「歲元、月元、時元」的一元復始之際，旺火熊熊，爆竹聲聲，預示著旺氣通天，興隆旺盛。室內有通明的燈火，庭前有燦爛的火花，天空有繽紛的禮花，整個氣氛火爆、熱鬧、祥和，把節日的氛圍推向高潮。發完旺火，放完爆竹，大人、孩子回到屋裡開始祭祖。

祭祀祖先。人們在逢年過節的時候懷念故去的先人，總會以各種各樣的方式來祭祀，過大年祭祀祖先是一項非常重要而隆重的儀式。扶餘的族人多、門戶大的家族都有壁掛式宗族圖譜（俗稱祖宗牌位），名門望族家中還有宗譜冊（俗稱家譜）。這些平時都存放在族長（族中最長一輩的人）家，宗族圖譜按輩分記載故去先人的名字，宗譜冊記載家族中各支各房每個子孫婚喪嫁娶、生兒育女、生平事蹟等項內容。過年時把壁掛式宗族圖譜恭恭敬敬地請出來，掛在廳室的北面牆上，擺上雞、魚、肉、糖果等供盤，碼上餑餑、水果等供擺，進行供奉和供族人瞻仰，使得後人釐清世系，同時教育家族成員發揚族風，光大族統，化解隔閡，團結奮進。小門小戶一般在過年時買一張印刷的（或寫一份）「□（姓）門三代宗親」的簡易祖宗牌位進行供奉。

祭祀祖先的儀式，就是給祖宗牌位供奉雞、魚、肉、果等食品及紙錢，燃

燭焚香，叩首行禮，祈求祖宗保佑安康幸福、平安發財、財旺運旺、官運亨通。祭祀祖先儀式完畢，年夜餃子也煮好了。用煮好的年夜餃子先給天地、祖宗上過供後，家人就團團圍坐在一起，開始高高興興地吃年夜飯了。

吃年夜飯。年夜飯的主食是餃子，扶餘民俗說：「有錢沒錢，吃了餃子算過年。」除夕與春節首尾相連，年歲交替在子時，過年吃餃子是北方人尤其是東北人千百年的習俗。副食必須有魚，而且是越大越好，魚諧音為「餘」，魚大則表示餘大和多，就是發大財，取之「連年有餘」「富貴有餘」的吉祥之意。

一家人圍坐在祖宗牌位前一起吃年夜飯，又叫團年飯。遠在外地謀生的兒孫千里迢迢、克服重重困難往家中趕，真是孝敬父母和祖上的東西大包小裹在車上，人在回家的路上，心在年夜飯的餐桌上。「百善孝為先」，晚輩們要在大年之前趕回家中，一家人老少歡聚一堂，使得家中老人看到自己的子孫，免去了掛念，在這新年伊始之際，兒孫繞膝，心情無比暢快，盡享著天倫之樂。在吃年夜飯之前，兒子、兒媳婦要給老人磕頭行禮，以謝父母的養育之恩，年齡稍大的孫子會同父母一起給爺爺、奶奶磕頭拜年，孫女則是恭恭敬敬地給爺爺奶奶、父母鞠恭敬禮。而年齡小一些的男孩子不懂規矩，做父母的平時就會教育他們，在過年的時候要給長輩磕頭行禮，平時要孝順長輩。爺爺、奶奶也會逗他們開心，說「誰磕頭就給誰壓歲錢，不磕頭的不給」。在這兒孫繞膝、盡享天倫之樂的時候，老人高興地拿出早已準備好的紅包，給兒孫壓歲錢。兒孫（民俗中女孩子是不磕頭的，本家已婚的媳婦一定磕頭）再次給老人磕頭，表示感謝，恭祝老人福壽安康。這些活動結束，過年守歲即告完畢。

民俗淳樸占新年

　　扶餘有正月裡「看天氣占年景」的民俗。

　　正月初一占雞，諧音是「吉」。據說雞是五德之禽：頭上長冠是文德，爪上生距是武德，逢敵敢鬥是勇德，啄食呼伴是仁德，日日報曉是信德。占雞的日子是大年初一，居民在初一的早晨起來時要吃橘子，表示一年大吉。吃口蘋果，寓意是一年裡平平安安。親戚朋友、街坊鄰居、同事之間，不管在上一年有什麼不愉快的事情，只要在初一相遇相見時互道新禧，就應該消除隔閡、免除不睦，大有一笑泯恩仇、重新開始的豁達風度。

　　初一又是大拜年開始的日子。人到就是（禮）理，無論是有隔閡的親戚朋友，還是有過節兒的人來訪，門外迎客是不可缺少的禮儀，不但是對他人的尊重，更是對自己人格的自重。民俗說：「門前待客謂接福，登門拜年叫賀喜。」拜年在情而不在物，因為送物在年前，送情就在初一。

　　初一更是家族中晚輩給長輩拜年的日子。在這一天，人們事事求吉利，忌諱吵鬧、罵人、打架和被訓斥、索債。家人不慎失手打碎杯、盤、碗、碟，不要表示不滿或埋怨，說聲歲歲平安，討個吉利，消災化吉。

　　一個家族一般是合屯而居，往往有四五輩人之多，所以在早飯後，男人、女人（媳婦），不約而同地聚到供奉祖宗牌位的族長家，先給祖宗牌位上香磕頭，然後轉身給長輩磕頭。有時是集體團拜，依次進行。家族老少爺們在新年之初，歡聚一堂，緬懷祖宗先輩的風範，暢敘一族人團結進取之樂，既溝通了感情，又促進了團結，實實在在是金錢買不來的過程和收穫。團拜結束後，大家會自願組合，進行看紙牌、打麻將、玩撲克等娛樂活動，要論輸贏，所說「動真格的」，小賭真玩，還美其名曰：「面在鑼裡轉，好寶不出外國，肥水不流外人田。」

　　初二占鴨，諧音是「雅」。溫文爾雅，紳士風度，給人氣度不凡的良好印

象，歷來是炎黃子孫所追求的目標。高雅是一種氣質的美、內在的美。俗話說：愛美之心，人皆有之。追求高雅，不是非分所想，無可非議。

初三占貓，諧音為「茂」。農耕時代，養貓是用它捉老鼠，保護糧食。手中有糧，心中不慌。而財源茂盛、林茂糧豐，都是人們期盼的好日子、好光景。貓與狗的故事，更是人們在茶餘飯後的話題。

初四占狗。諧音為「夠」。狗是人類忠實的朋友，即夠朋友。滿族有「黃狗救主」的傳世佳話，民諺有「狗不嫌家貧」之說。只要你養了它，飼以食物，不管你的家境如何，不管你怎樣對待它，它都會死心塌地地追隨你，為你效勞。當你遇難時，它會捨命救你，當你遇到侵害時，你的愛犬會極力幫助你，演繹著新的愛犬護主的故事。

你到親朋好友家去拜年或串門，按禮儀敲門，年歲大的人都會告訴孩子：來客人了，快去看狗。當你告辭要走的時候，主人會說：「別急，我給你看狗。」

扶餘的孩子們娛樂時有個節目，叫作「過家家」，又叫「住家看狗」，內容就是使孩子受到禮儀方面的教育。

有時主人沒有看住狗，狗躥出來奔向你，你也別驚慌失措，要按主人的吩咐去做。因為主人就在旁邊，他會設法不讓狗咬到你。你千萬不要親自打狗，那樣做是會傷主人面子的，因為扶餘有「打狗還要看主人」的說法。

初五民俗占豬，諧音是「住」。何以為家？漢字表意非常明確，擁有房屋，還要養豕，才能稱得上家。家對一個人來說，非常重要，而六畜之首的豬，在家中占有一席之地，又是多麼應該的。

初五又稱「破五」，好嫉妒而又迷信的人，早晨煮餃子時把水燒得滾開，要說句：煮爛他的破嘴。意在煮他人的舌頭，即煮破嘴，防止他人說自己的壞話。這種迷信的做法，隨著人們思想認識的提高和社會交往變化而不復存在了。

初六占羊。諧音為「漾」。羊是六畜之一，渾身是寶，自原始社會開始，

羊就是社會財富和私人財產的象徵，至今仍然如此。在封建社會裡，這一天已婚的姑娘和姑爺才能回娘家拜年，因為家中供奉的祖宗牌位是初五晚上送走的（象徵性地送到十字路口，燒一些紙錢的儀式），民俗約定出閣閨女即嫁出去的女兒和姑爺是不能見丈人家老祖宗牌位的。

舊社會，新的一年勞作從這一天開始，熱鬧一時的秧歌班子在這一天自行解散了。外出「扛活（做長工）」的農民，這一天要到東家那裡去上工。順應民諺「三六九，往外走」的說法，順個吉祥，不用另擇日子，應個吉利。在一般的農家裡，過了初六，年就算過完了，開始備耕生產了，或者外出打工去。

初七占人。人是萬物之靈長，是主宰這個世界的統治者，是至高無上的。扶餘民俗這一天的早飯是麵條，意思是吃麵條拴住了孩子的腿，家中的孩子們在新的一年裡會健康成長，太平安康。而正月十七午飯的麵條是管中年人的，二十七晚飯麵條則是對老年人的祝福——福壽綿綿。

這個民俗的通俗解釋是：吃麵條，拴大腿。就是在占人的日子裡，早午晚三餐主食吃麵條，這個年齡段的人就會在這一年裡太太平平，無病無災，逢凶化吉，遇

▲ 高振詮滿族剪紙《十二生肖》（部分）

▲ 孫美貴剪紙作品

難呈祥，因為麵條拴住了大腿，把他留在人間，繼續享用人間煙火，過著太平祥和的日子。

初八占馬。馬自古以來就和人類的關係密切，無論是征戰、耕田還是出行，馬必不可少，立下了赫赫戰功。連人們造詞都忘不了馬，如：馬到成功、一馬當先、駟馬難追、馬首是瞻、鞍前馬後、汗馬功勞等等。

農耕時代，馬是農家的主要動力之一，人們對馬有特殊情感。扶餘民俗中有在年三十晚上（除夕夜）給馬餵隔年飯的習俗。農家平時餵馬，用豆餅水泡高粱粒拌穀草，而在年三十這一天，要把高粱粒燜成高粱飯（區別於人平時吃的高粱米飯），在晚上拌入飼草中餵馬。即使家中騾馬成群，僱有馬倌（飼養員，俗稱老更倌）餵馬，這家的主人也要在半夜子時發旺火（俗稱發大紙）之前，給馬倌幾塊錢壓腰，表示慰問，然後主人拿著拌草的料叉在馬槽中邊拌高粱飯和草邊念叨：

馬兒馬呀，過年了，
平日裡我打一千、罵一萬，
催你出力把活幹，
為的是糧滿倉、豬滿圈，
豐收、幸福、不征戰。

馬兒馬呀，過年了，

喂你一頓隔年飯，

更盼望，槽頭旺，

膘肥體壯、不鬧包坦，

幫我發財遂心願！

從上述的歌謠和把占馬的排序緊緊列在人的後面，可見人們對馬是何等重視，是超乎尋常的。

初九占果。果是指瓜果和水果，是孩子大人都喜歡的食品，也是重要的農產品。

扶餘種植的瓜果有甜香瓜、西瓜等。種植這兩種瓜需要投入許多勞力，從選茬兒、用肥、種植到瓜田管理，都是有很高技術含量的。一般在立秋前後，瓜田才能開園，滿園碩果纍纍，瓜香四溢。扶餘人非常厚道，如果你這時趕路經過瓜田，又渴又累，你向「老瓜頭」（看瓜的）要瓜吃，他一定爽快答應。只是你必須遵守習俗，不能自己摘瓜，老瓜頭會給你摘來兩三個香噴噴的甜瓜，供你免費享用，吃不了還可以帶走路上吃。扶餘的櫻桃、杏、李子、海棠、葡萄等，都是上好的水果。初九的天氣晴好，年長的人就會告訴孩子，準備秋天吃瓜果吧，你看天氣多好，瓜果一定會豐收。如果這一天的天氣是颳風、下雪或陰天，老人會說：今年不收瓜果，瓜果一定要貴。

初十占菜。菜就是蔬菜，是佐餐下飯的重要副食品的基本原料，是和人們生產、生活密切相關的農作物。它的收成好與壞，與農作物收成好與壞息息相關，與人們的生活密切相連，因此蔬菜被列為重要項目之一。

民俗中十一占莊稼匯。就是把莊稼院所有的收成彙集到一起，可謂包羅萬象，應有盡有。一般這一天家家戶戶的早飯吃麵條，寓意是穀穗子又長又大，盼望這一年風調雨順、五穀豐登，是個大豐收的年份。

以上哪一天天氣晴好，人們就會在聊天時說今年什麼豐收。例如：初五這

一天天氣晴朗，風和日麗，大家就會說今年養豬吧，豬不會鬧「包坦」的，過年時可以殺一口又大又肥的年豬。你看風平浪靜的，天氣多好啊。

以上民俗說明在農耕時代，人們期盼年年風調雨順，五穀豐登，歲歲祥和太平，人畜興旺。

扶餘民俗中的這種過新年期間看天氣好壞來占農事收成的習俗，即一雞、二鴨、貓三、狗四、豬五、羊六、人七、馬八、九果、十菜，十一莊稼匯占農事、占人畜的說法，一直延續到科學技術高度發達的今天。對於它是否真的靈驗，人們只是一說而已，並不苛求。

雪裡藏燈鬧元宵

　　農曆正月十五，是中國民間傳統的一年三節（過大年、元宵節、端午節、中秋節）之首的元宵節。正月為元月，農曆正月十五是一年中第一個月圓之夜，夜即宵，所以叫元宵節。又因為它與春節過大年相連，處在新年又是農閒季節的新正大月，自古以來，人們就把這個節辦得熱鬧非凡。鬧，無疑是火爆、熱烈、歡快。在春回大地的夜晚，天上明月高懸，地上綵燈萬盞，焰火騰空，火樹銀花，與冰雪相映，五光十色，遊人如織，觀看花燈，吃糖葫蘆、雪糕，競猜燈謎，或合家歡樂，同吃元宵，其樂融融。

▲ 元宵花燈

吃元宵。元宵作為一種傳統食品，製作並不複雜，用果脯、青紅絲、葡萄乾或者棗泥做成小餡，把凍過的餡子放入盛有濕黏米麵的簸箕、小笆籮中，使餡子反覆滾動，越滾越大，直到大小合適為止，再拿到室外淋上水，凍一凍就製成了。也有像包豆包一樣製作的。食用的時候可以蒸著吃、煮著吃，最好是油炸，吃起來香甜可口，熱熱火火，團團圓圓，百吃不厭，美不勝收。

觀花燈。民歌中唱道：正月裡來是新正，正月十五觀花燈。花是煙花爆竹，即焰火；燈是各種燈飾。

▲ 元宵花燈

觀花燈習俗是中華民族幾千年民俗的積澱，正月十五這天晚上，新年以來的第一輪盈月掛在天上，月高星稀，各種煙花衝天而起，在天空交織出各種各樣的圖案，煞是好看，鞭炮聲此起彼伏、不絕於耳，燈光、聲音在空中迴蕩，給人以聲、光、色的享受。各種燈飾五光十色，斑斕奪目。常見的有宮燈、五綵燈、紗燈、走馬燈、冰燈，給人耳目一新之感。觀花燈的人摩肩接踵、萬人空巷，還有舞龍燈、耍獅子、踩高蹺、扭秧歌、劃旱船等表演活動，非常熱鬧。居民家家掛燈，處處金碧輝煌，鞭炮聲隨時響起，城鄉燈火通明，通宵達旦。

走百病。扶餘民俗說：十四、十五、十六走百病。這是扶餘城鄉居民一種民俗活動，也叫散百病。參與活動的人多是老人和婦女，他們走牆根，上井台，過小橋，到屯外，往荒郊野地上吐幾口唾沫，返回時一路不回頭，意在把疾病扔到了郊外，從此不再患病了。回到家中，把在井台拾回的冰塊放在室外

的窗檯上，讓它慢慢被太陽曬化，表示所患的疾病從此散掉了、痊癒了。

送冥燈。扶餘民間有正月十五送冥燈的習俗，就是在正月十五的晚上，給故去的先人送冥燈。傍晚時分，家人帶上蠟燭、紙錢、供品，到墓地給先人送冥燈。老人常說：無兒無女墳被踩成路，有兒有女墳前亮堂堂。意思是有兒有女就有人上墳燒紙送冥燈。現在，隨著移風易俗教育的深入，人們的觀念發生了根本性變化，年輕人對老人厚養薄葬，送冥燈的人逐漸少了，這個習俗逐漸淡化了。

撒路燈。就是把秕穀拌上豆油沉澱的油腳，澆車軸用剩、廢舊的線麻籽油，放在破鍋中點燃，用車推著沿街走，用從灶膛往外掏火裝在火盆的、或者從灶坑掏灰的破舊鐵 撮一些，放在牆角避風處或是雪堆上邊，燈火在雪裡閃爍，積雪映襯著燈火，火苗嚯嚯地燃燒舞動，照得滿院子通明，滿街燈火明亮，這就是人們所說的雪裡藏燈，通紅的燈火和潔白如玉的冰雪交相輝映，產生夢幻一般的色彩，給人帶來無限的遐想，十分惹人喜歡。

大婚動。扶餘民間有這樣的口頭禪「老兒子（最小的兒子）娶媳婦——大事完畢。」如果某一個家庭還有一個兒子因為種種原因沒娶上媳婦，家長在和他人嘮嗑時都會說「還沒有完成任務」，兒女的婚姻大事，這時成了父母的「心病」。當媽的會想辦法叫年齡已經老大不小的尚未婚配的兒子，在一年裡第一個月圓之夜也就是正月十五這天晚上，從自家東屋的炕上，搬起裝（盛）滿豬油（俗稱葷油，諧音婚）的油壇邁過東屋的門檻，穿過堂屋，邁過西屋的門檻，放在西屋的火炕上。說法是，邁過這個「坎」，葷油罈子被誰挪動，這一年誰的婚姻就會啟動，這個過程叫「大婚動」。據說是搬動了葷油罈子的人，在一年之內，就會有媒人上門介紹對象，真的成婚。有一些年輕人認為這是迷信的做法，並不聽從父母的話，按其要求去搬動葷油罈子。這時，父母往往會把小型葷油罈子偽裝在包裹中，在正月十五這天晚上，假意求他們幫忙把包袱拿到西屋，放到炕上。這種做法雖然可笑，卻是扶餘地方（伯都訥）確實存在於民間的一種特有風俗。

龍鳳之日話填倉

正月二十五，是漢族人家的「填倉」日，亦稱「龍鳳日」。這一天天亮日出前，家主人就把灶膛的草木灰掏出，用撮糧食的簸箕或是撮子盛起，端到上一天就打掃得乾乾淨淨的農家庭院中，用灰畫一個或幾個圓圈或方形框，用以代表糧囤和錢櫃，然後在糧倉中放入兩種以上糧食，在錢櫃中放上幾枚硬幣，並用坯頭壓好，表示今年能夠獲得好收成，家中餘糧滿囤、錢滿櫃。女人要早早起來燒水煮餃子，民諺有：「誰家煙囪先冒煙、誰家高粱先紅尖」，誰在新的一年裡勤勤懇懇過日子，黎明即起，諸事搶在頭裡，誰家就能獲得好收成。

這一天是一年中第一個「龍鳳日」，民間也有「龍鳳日」皮草鋪與棺材鋪「爭風」的說法，傳說這一天一早如果刮西北風，說明皮草鋪占了上風，這一年冬天將要非常寒冷，皮草、皮衣服生意好做，並且能賣上好價錢；如果這一天一早刮的是西南風，則說明棺材鋪能夠占得上風，這一年的氣候將會不正常，年景一般，收成會比上一年差一些，冬天氣溫將要溫暖一些。不正常的氣候對老年人十分不利，老年人要生病甚至病故，因此棺材鋪的生意要好些。

▲ 許建明作《填倉》

這一天又是傳說中老鼠娶親的日子，在晚上人定亥時的時候，主人要用年三十晚上供奉祖先用過的紅蠟燭，點燃後在屋內櫃櫃箱箱下面、糧倉囤底、犄角旮旯兒的地方照一照，就可以驅逐老鼠，一年裡不會鬧鼠災。如果真遇到了老鼠成群結隊甚至老鼠娶親的場面，請不要害怕，更不要把老鼠打跑驅散，同時還要恭喜你，你家發家致富的日子來臨了，你也將從此發達了。

紮龍補尾二月二

在農曆二月初二，扶餘民間有吃豬頭、啃豬蹄的習俗。正月已過，年「嚼裏兒」已經吃得差不多了，還有年前殺豬剩下的豬頭、豬蹄。這時正是農曆「驚蟄」時節，萬物萌動全在頭，那就吃豬頭肉、啃豬蹄吧，應一應「二月二，龍抬頭」的民間習俗說法。過去，家庭主婦還要帶領女孩子們穿製「龍」，就是把厚五彩紙片剪成不同圖案的片片，用一節節剪短的秫秸梢做隔，穿成一串，五彩繽紛、錯落有致，作為龍身，非常耀眼。拿什麼做龍頭呢？細心的女主人早在立春的時候，就把蘿蔔挖出槽，在裡面放上了小麥或者成串的蒜瓣加水養護，現在已經長有十釐米高了，用它做龍頭，麥苗像龍鬚一樣，仙氣飄逸，紅綠相間，十分好看，再剪一些彩布條或紙條做成龍尾，龍頭、龍身和龍尾穿在一起就是一條凌空飛舞的龍，把「龍」掛在窗戶掛上或者是幔子桿上，須尾皆動，點綴著居室，預示著萬物復甦的春天已經來臨。

另外，扶餘在舊社會的時候，有「正月裡不剃頭，剃頭妨舅舅」的說法，男人在臘月二十三過小年前就理髮，表示新的一年從頭開始，來年一定會更好。正月裡大人孩子都是不剃頭的，要等到二月二這天才理髮，俗稱「打龍頭」。

▲ 許建明作《紮龍威》

傳俗沿襲清明節

　　清明節是民俗節日中唯一同農曆節氣重合的民俗節日。國家根據人民群眾的意願和要求，把這一天定為法定假日。在農曆一年二十四個節氣當中，扶餘民間特別重視這個在四月五日前後的節日。

　　扶餘過清明節也和全國各地一樣，有祭祀掃墓的俗例。在清明節的前幾天，家家戶戶都要帶上供品、冥紙，還有鐵鍬等鏟土工具，前往自家先輩的墳地掃墓。到達墓地後，他們擺上香燭供品，然後焚燒冥紙，祭奠一番之後，開始給墳墓填土，清理荒草和排水溝，有的還要把墓地旁邊的樹木修整一番，使之整潔一新。不但表達了對先人的祭祀懷念，也告知他人這塊墓地有主人，後繼有人，請給予保護。據說，這種習俗是從關內老家（俗稱關裡家）帶來的，世代沿襲至今，歷時幾百年，真可謂經久不衰。

▲ 許建明作《清明節》

　　隨著社會的發展進步，人們已未必一定遵守在清明節這一天掃墓祭拜，大多都在清明節的前幾天進行，特殊情況也有在節後奉祀的，民間把這些都籠統地說成是清明上墳拜祭或是「掃墓」。

　　在清明節這一天，機關、社會團體和學校一般也要組織自己單位的工作人員特別是組織團員青年到烈士墓舉行掃墓活動。這一天，人們抬著花圈，打著旗子，穿著正裝，在鼓樂隊的引導下，走入烈士陵

園，舉行莊嚴肅穆的清明祭祀先烈活動。人們緬懷革命先烈的豐功偉績，進行各種宣誓活動，一般有領導講話、代表發言、入隊、入團和成人宣誓，電視台等媒體還要錄像播放。

踏青是清明節的副節目，人們在掃墓之後，或一家老小因利趁便，或三五個要好夥伴一同結伴在山間田野遊樂一番，採一把開花比較早的野山花，折幾枝含苞待放的綠樹枝，享受一下春天豔陽，呼吸著清新濕潤的空氣，放鬆著勞累的身心，未嘗不是一件情趣濃濃的樂事。

清明時節，正是扶餘廣大農村備耕工作進入高潮，即將轉入春耕播種的時候。扶餘農諺有「清明忙種麥，穀雨種大田」的說法，此時整地已經結束，土地化凍在五釐米左右，正好是開犁播種春小麥的時候，沐浴著和煦陽光，播下豐收的希望，新的一年農事活動開始了。

扶餘居民有在清明節淘黏米、蒸黏乾糧吃的習俗。因為春播在即，農活比較重，吃一些黏乾糧，幹活有力氣，抗餓。農戶間戲稱：「清明不淘米，窮得漏鍋底。」這時的黏乾糧一般是搋豆麵卷子，俗稱「驢打滾」，其做法是把黏麵做成窩頭蒸熟，然後把黏窩頭搋成大片，用炒熟碾壓成麵的熟豆粉做介質麵（俗稱補麵），捲成筒型，再切成一段一段的豆麵卷子，吃起來香甜可口，既維持體力又十分耐消化，民間稱為「抗餓」。

蓋房上梁求平安

▲ 許建明作《上梁大吉》

清明節以後，到端午節這段時間裡，正是伯都訥農家開始修建房屋的大好時節。因為扶餘春天風比較大，這個季節建泥草房屋容易乾燥通透，早春動手，與種地不爭時間，不誤農時；或是種完地再建房，不受春播的時間制約或限制，從容穩當，泥水調和便於施工。以前在青磚、紅磚還沒有普遍使用的時候，蓋泥草房的牆框分壘坯牆（俗稱坯簍子）、打牆（乾打壘）和擰拉合辮幾種情況，壘坯牆上一年秋天就要脫出足夠數量的坯，豎完架子安好梁就開始壘牆，把支撐房架子的柱腳全部壘進牆內，門窗框部分壘進牆內；乾打壘的牆框要在已經築起的牆需要安柱腳的地方挖出槽，地面放墊柱腳的柱腳石，然後再豎架子；擰拉合辮的房框是豎完架子在梁杴下安好支撐柱後，再往柱子上擰拉合辮而形成牆。

在扶餘及其周邊縣份的廣大農村裡，至今流行蓋新房隆重慶祝上梁的風俗。房主人要請先生選一個豎房架子的良辰吉日，就在那一天豎房架子，舉行隆重的上梁儀式。在這一天一早，親朋好友和遠親近鄰都會前來幫忙和隨禮，大家共同慶賀一番。上梁儀式用的「大梁」就是預先選好的一根做脊檁用的檁

木，木匠按尺寸做成後要在它的上面貼上八卦圖（陰陽魚），繫上帶有一串銅錢編成的中國結，民間叫「鎖」，意思是四方平安、招財進寶、五穀豐登。這根梁選好後，要放在木架上，不能落地，準備在上梁的時候用，放在木架上時要燃放鞭炮。以上過程叫作「應梁」。

上梁（村民亦稱豎架子）的那一天早起，主人要在已經安好的堂屋的大門框的上檻上繫上紅布，在門框上貼上對聯和橫批：

上梁恰逢黃道日
安門正對紫微星
福澤宅第

待到所有房架子都豎起來，連接固定好之後，預定的吉時一到，就開始上大梁（正中的脊檁）。木匠師傅拿著斧子邊敲大梁邊朗聲說：「此木長得不一般，魯班弟子把它選，貼上八卦繫上鎖，用它上梁保平安！」幫忙的人們把大梁抬起，木匠師傅高喊：「大梁好似一條龍，平平穩穩往前行，走到半路歇一下，親朋好友來披紅。」這時幾位親戚朋友的代表走上前來，在木匠師傅的指導下，把親朋好友送來賀喜的紅布繫到大梁上（一般是繫成鎖扣或鏈馬扣）。木匠師傅爬上房簷檁，大梁這時剛好舉到房簷邊，兩個房架上的人接過下邊遞上來拴著大梁的繩子，往房架最高處安放脊檁的地方拉。木匠師傅拿起房簷上的酒壺（瓶），把燒酒倒入酒盅，把頭一盅酒醑澆在大梁粗頭部位，第二盅酒醑灑梁木的當腰，第三盅酒醑灑在梁尾部，邊澆邊喊：「頭盅酒敬梁頭，東家財源滾滾流；二盅酒敬梁腰，東家上梁吉星照；三盅酒敬梁尾，兒孫做官清如水！」木匠給大梁敬完三盅酒，把酒壺、酒盅放在柁頭平整處，這時大梁被拉升到居中的兩個房架子上空，木匠師傅沿梁柁走到柁中間的立人處，爬到房架子上，把大梁扶正，用鐵鍋子把大梁（即脊檁）牢牢地固定好，這時幫忙的人們燃放鞭炮，慶賀上梁平平安安、圓滿成功。年輕氣盛、藝高膽大的木匠還要

在響成一片的鞭炮聲中，爬上他剛剛固定好的脊檁上，在震耳欲聾的鞭炮聲中，穩穩地從這一頭走到另一頭，展示他的手藝和膽略。然後下來走到房簷上，從知客人的手中接過蓋房主人餽贈的賞錢，高高地舉過頭頂，一面展示一面高聲喊喝：「東家吉祥，謝賞啦！」

至此，熱鬧喜慶的上梁儀式即行結束。前來幫忙的、隨禮的人，在蓋房主人和知客人的相請相讓下，走入早已準備好酒菜的宴席廳，大家共享上梁儀式的喜慶之宴。

家家戶戶睡火炕

在東北松遼大平原上松花江畔，一年裡四季分明。冬季裡北風凜冽，冰天雪地。在這嚴酷的自然環境下，人們要生存，首先就得解決取暖問題。生活在這裡的先民們，發明了火炕。扶餘人住火炕的歷史，至少有千年以上。遼金時期，住在這裡的女真族（滿族先世）「環室穿木為床，熅火其下，飲食起居其上」。所謂「環室」，即說明室內不僅一個方向有炕。發展到後來，就是滿族民居中所築南、西、北三面相連的「轉圈炕」「拐彎炕」，民間俗稱為「萬字炕」或「彎子炕」。千百年來，人們就是用火炕抵禦嚴寒，睡火炕的習俗自古一直沿襲到今天。

自古以來，扶餘農家興建的房屋一般是起脊的草平房，臥室的房間都有火炕，「一間房子半鋪炕」，是人們對居住條件的形象描述。居民以火炕為臥具，

▲ 火炕

火炕既是休息、睡眠的臥具，又是取暖的工具。人們利用火炕驅潮、取暖，在一天的勞作之後，躺在火炕上休息和睡眠，還要用火炕把潮濕的穀子炕乾，然後才能碾軋去皮碾成小米，總之人們一時一刻都離不開火炕，互相間打哈逗趣說是為「三十畝田酒和肉，老婆孩子熱炕頭」而奔忙。

過去搭火炕用土坯壘製。火炕連接燒火做飯的鍋台一端叫炕頭，連接煙囱的一端叫炕梢。燒水做飯時，煙氣帶著熱量從炕洞通過，炕就隨著熱起來，室內溫度也隨之升高。人或坐或臥在炕面上，既驅寒又去濕，睡起覺來，睡眠質量好，解乏舒服。

炕的寬度以一人高為宜，即人躺下能伸開腿。長度是從連接鍋台的間壁牆開始，到連接煙囱的牆為止。炕的高度一般在六十釐米左右，人坐在炕沿邊上，前腳掌能踩著地面為宜，便於坐在炕沿邊休息和上下炕。

隨著人們生活水平的提高，現在已經沒有人脫土坯了，搭炕用紅磚砌，後來用混凝土預製板或鐵皮篷炕面。無論用什麼做炕面，上面都要抹上三釐米左右厚的瓤介泥，使炕面沒有縫隙、不漏煙，保溫性好，不需要每年扒炕掏灰換炕面。

最能反映生活水平提高的是鋪炕用的材料。在過去，普通農家鋪的都是秫秸編織的炕席，條件好的人家鋪蘆葦、竹篾的炕席。後來，人們用各種紙糊炕面，代替炕席。纖維板出現的時候，人們用它鋪炕，刷上橙黃暖色的油漆，使室內光亮溫馨。現在，睡火炕的居民用地板革鋪炕，既柔軟又舒適，漂亮又有檔次。

城鄉民居蘊風情

自清朝道光五年（1825年）伯都訥開荒占草到改革開放以前，扶餘地方民居的房屋絕大多數是土框泥頂或者是土框草頂的房屋（統稱泥草房）。其中泥頂因為房頂比較平而稱為「泥平房」，此類房屋在扶餘西部有鹼土的地方占房屋的絕大多數，因為建造這樣的房屋所需的各種建築材料容易就地取材。草頂房屋因為有前後坡，中間高高隆起，稱為起脊房。這類房屋在扶餘市的東中部和沿江臨河的地方占大多數，這些地方有河灘地出產苫房草，用於苫草頂房屋。當你深入到扶餘市的廣大城鄉，就會發現一個村屯、一個集鎮的房屋一定是清一色泥平房，或者是起脊房，很少有兩種房屋混雜其間。一棟棟坐北朝南的房屋被一米多高的土牆圍成南北長條的院落，幾個或者幾十個院落形成一條街巷，幾條街巷構成一個自然屯或是小集鎮。每當立秋之後，家家戶戶開始扒炕抹牆。新抹過牆的房屋煥然一新，所有房屋都抹過牆就是一片嶄新的村落，透露出勃勃生機，形成了扶餘特有的民居風情。

▲ 扶餘農村近年興起新式民居

解放前，城鄉民居兩間房的比較多，解放後至改革開放前三間房屋的比較普遍，但都是土坯壘牆（俗稱坯妻子）和乾打壘（打牆）的土框房。因為扶餘的冬天比較寒冷，自古以來這裡的居民就是靠泥土牆框的房屋來抵禦嚴寒的。泥土牆框經過冬天的凍、春夏秋的風吹雨淋，必然會出現裂縫、牆皮脫落等情況，因此人們在雨水稀少、農活比較少的秋收前用細泥抹牆，用來抵禦嚴冬的寒冷。

三間房屋的中間那一間向外開門，這個門叫風門子。木頭做的門有五釐米厚，靠右一側上下略長而製成門軸，下方安在門框外與門檻子相連的木製門墩上，門墩上有凹下去的窩（坑）中放置飯碗的圓形底，開啟時光滑無聲。門框上方是用木製半圓形木筒包裹住門軸，門上門下這套轉動系統，學名叫戶樞，俗稱哈巴軸。門兩側的窗戶叫馬窗戶。有門的這間屋子叫堂屋（俗稱外屋），室內靠門窗處壘有鍋台，靠北牆存放農具和糧食，是廚房又是儲藏間。有門（過堂門）與東西屋相連，東西屋是居室，有火炕與外屋的鍋台相連，居室靠南窗下是火炕。北側靠牆擺放木櫃木箱等家具，中間空地叫屋地下，供人活動用。人們吃飯、休息、娛樂等都是坐在炕上進行的。人們圍坐在放在炕上的八仙桌邊，盤腿坐在桌邊進行吃飯、娛樂等活動，熱熱的火坑令人感到舒適，休息和吃飯同步進行。

房屋的窗戶有上下兩組窗扇，上扇有窗戶「哈巴」，可以向內轉動開啟，滑動哈巴可以把窗戶拿下來。上扇窗戶是花格的窗櫺，供糊窗戶紙用，下扇花格窗櫺中間留一方形框，安裝玻璃。家家戶戶都在窗戶外麵糊（貼）窗戶紙，並用植物油把窗戶紙油一兩遍，用以提高紙的結實程度和耐水浸性，用來採光、保暖和隔斷雨雪風霜，這在民俗中被稱為「三大怪」中的窗戶紙糊在外。窗戶的上扇向內開啟後，屋內有窗戶架或窗戶鉤能把窗戶牢牢掛住，下扇有牙子固定，只有把下扇窗戶提高到上扇的位置，才能拿下來。

居室內還要吊棚，棚從形狀上分可分為平棚、起拱棚兩種；從用料上可分為紙棚和泥棚。無論什麼形狀或者什麼材料的棚，大多是用秫秸做骨架，糊紙

的棚在骨架的基礎上再按一定距離固定上秫秸，以備糊紙用；而泥棚則要把秫秸一棵一綁，密密實實固定在骨架上，然後用大瓢介泥抹好，再糊上棚紙。

堂屋因為是廚房（冬天可以存大量蒸汽，不因經常開門而降低室溫）兼儲藏間（可以存放較高較長的物品），多數是不吊棚的。泥平房吊棚和起脊房吊棚大致相同。

在居室外面的窗檯下，多數壘有「醬欄子」。「醬欄子」有用土坯壘的，有用泥叉牆的，或者夾秫秸矮障子做成的一個二尺多高、約五尺寬、與一間房寬度等長的小欄子，裡面放置醬缸、鹹菜罈子等而得名。醬欄子裡面還要壘雞架、狗窩，雞架在欄子牆上開門，能關得嚴實。狗窩的門是大而無門敞開的，便於狗隨時進進出出。在雞架、狗窩的上面，放置著穀草編的、供雞產蛋用的雞窩。雞架、狗窩和欄子牆年年秋天都要用細泥抹一次，一是經久耐用，二是顯得居家過日子的方方面面井井有條，免得被他人笑話。冬天殺年豬後用冰雪在醬欄子裡埋藏豬肉，放置木櫃存放凍豆包、凍餃子、凍梨、凍豆腐等等。

在距離醬欄子二丈多遠的地方，築起一道與房子平行的矮牆，在房子前形成一個庭院，供人畜禽活動用，叫作庭院（當院）。在庭院以外，四面再築牆構成院落，房前屋後能種植的土地叫前、後園子，可以種植各種蔬菜，栽種果樹，秋天存放收穫的莊稼，秋末冬初做場院脫粒打場，是一個多功能的居家小院。

村屯中建民房有四句話：高高的地身（基礎）、矮矮的舉架（高度）、窄窄的間量（寬度）、短短的盧深（跨度）。所有民房的基礎都要受左鄰右舍地基高度的限制，這在村屯中是不成文的規矩。房框的高度（舉架）也有約定，一般高度是六尺九或七尺三。寬度和跨度沒有限制，多數房子每間的寬度（間量）是一丈，跨度在一丈六尺左右。

改革開放之初，扶餘民房用紅磚壘框，石棉瓦、紅陶瓦做頂，但室內格局和以前沒有大的區別。

現在，扶餘市實施改造「泥草房」規劃，新建的民居（新式民居）採用鋼

筋混凝土框架結構，在外觀上是別墅形狀，彩鋼瓦頂，牆框由水泥空心砌塊壘砌，外牆有掛線貼苯板，刷彩色塗料。保暖、抗震、漂亮、適用；內部裝修和樓房毫無差別，配置衛生間和燃氣灶具。

棒槌聲中脫坯忙

扶餘的二十四節氣歌中有「立秋忙打靛」之說。靛就是種植的靛蘭草，很早以前人們用它給白布染色用。這裡的居民在立秋之後，就把拆洗被縟、縫補製作棉衣服納入日程。

立秋時節，天氣漸涼，農家也忙碌起來。俗話說：「三春不及一秋忙」，人們要在秋收前這段時間忙完秋冬兩季的準備工作。趁著氣溫高、雨水少，把應該干的活計在農忙前做完，以免準備不周，到時和秋收農活搶時爭手，造成被動。因此男人們脫坯、扒炕、抹牆和女人們漿洗被縟、晾曬秋菜的活計列入了優先的日程。女人把從灶膛中掏出燒秫秸、苞米稈的草木灰盛裝在大土籃中，把灰壓得結結實實，再把土籃放在平時盛裝秕子、穀糠的缸茬子（上半部破損，下半部還能盛裝水或其他雜物的缸）上，然後把土籃中的草木灰上挖一個坑，往坑裡注滿清水，直到灰褐色的灰水從土籃子的底部浸出，滴答滴答地流入缸茬子裡。一般要濾兩擔水的灰水，需要兩三筐灰和兩天的時間，才能夠洗滌一家人的被縟用。

扶餘曾是小麥主產區。初秋，社員在碾軋得平平整整的場院上用鍘刀把小麥的麥穗部分鍘下來，在場上晾乾，再用碌子碾壓脫粒，然後揚場把麥粒和麥魚子（麥穗上包裹麥粒的殼）分開。麥秸部分也要碾壓，把混雜在麥秸中的麥穗脫粒下來，使麥秸被碾得柔軟，適合做脫坯、打牆的瓤介。把麥秸、麥魚子分給社員用來做燒柴、脫坯和抹牆作瓤介（摻在泥土中，起連接作用）。

生產隊用馬車把抹牆的黃黏土（扶餘縣中東部農家都是起脊的草頂泥框的土平房，西部多是泥頂的平房，以下統稱泥草房）拉到各家各戶居住的泥草房的房前或者是屋後的路邊，供各家各戶扒炕抹牆用。一般是一戶一車黃土，半車沙子。扒炕（主要是換鋪炕面的坯）用的坯，需要家中的男人到屯邊的大沙坑去脫。家中的男人利用休息時間把抹牆的土和沙子挑到當院中，或者就地摻

▲ 許建明作《棒槌聲中脫坯忙》

上麥魚子,再根據經驗往黃土中摻入適量的沙子,或者把生產隊的鍘刀借回家中,把麥秸鍘短摻入土中,防止泥抹在牆上乾燥後會龜裂。泥土、瓤介拌好後,就給泥土大量施水,俗稱把泥土「悶上」,以後抽時間再細細地和幾遍。男人還要把脫坯要用的麥秸鍘成十釐米左右的段子,準備在處暑前後的連續晴朗天氣時脫坯。

家庭主婦早晨起來做好早飯後,就開始拆被縟,摘一摘殘留在面子、裡子上的線頭,然後把需要洗滌的裡面浸泡在庭院裡裝有草木灰水的洗衣盆內。回頭再把棉絮歸攏好,待全家吃過早飯,分頭去忙碌各自的活計,她便開始用洗衣板搓洗被縟裡、面的勞作,草木灰水的去污效果是很好的,浸泡過的被面縟面用洗衣板的搓洗,很容易就洗滌乾淨了,而被裡、縟裡則需要反覆搓洗兩遍

才能洗淨洗透，洗出來的裡、面還需要用清水漂洗一遍，再擰乾水進行晾曬。

　　又是一個天晴氣爽的清晨，男人捆好了脫坯用的麥秸，喚醒了正在熟睡的男孩兒，父子倆背著瓤介（麥秸），挑著水桶，帶著鐵鍬、二齒子，去屯邊的沙坑中和脫坯的泥。父親在距離大水泡較近的崖邊選一處黃土坑，從坑裡挖黃土放在坑邊的瓤介上，每層瓤介上都壓一層土，父親挖土，男孩兒放瓤介，直到父親認為所挖的土夠脫坯用為止。父親到水坑裡挑水，然後拿起二齒子準備和泥，父親把土坷垃搗碎，把瓤介拌勻，男孩兒按父親的要求把水倒在泥土上，父親用二齒子把泥攪拌得泥水調和，恰到好處。男孩兒跟父親一起勞動，就是學習農活技術的過程。因此一定要按父親的要求把水倒在準確的位置上，水量適當，否則，會被父親申斥甚至責罵。早飯前，父子倆要把泥基本和好，把工具帶回家，邊吃飯邊休息，飯後還要進行強體力的勞動——脫坯。

　　家中女人早已把早飯準備妥當，只等父子倆回來開飯。女人彷彿沒有片刻休息的時間，就在這等待開飯的時間裡，拿出昨天用草木灰水洗得透爽的被裡和被面，逐片噴霧淋得微濕，把大褶皺展平、疊好放在吃飯用的炕桌邊，再把今早做飯前用平日裡洗土豆絲或者土豆片積攢起來的土豆澱粉，熬製成的漿被裡、被面用的「粉漿」端到桌旁，把被面在桌面上展開，用手在布料上輕輕塗上一層薄薄的粉漿，塗得既均勻又面面俱到，然後掛到房前的晾衣竿上去晾曬。

　　吃過早飯後，父子倆挑著水桶、帶上坯模子、臉盆，扛著鐵鍬、二齒子和鋼叉去脫坯。脫坯前，要把坯模子放在水桶中浸泡。脫坯時要注意水量，邊倒水邊用二齒子和二遍泥。然後，父親用鋼叉把泥撮起一叉又一叉，端到不遠處稍有坡度的平整地方，一堆又一堆擺得整整齊齊一大溜。父親把鋼叉交給孩子，端起放著坯模子的洗臉盆，去剛才擺放泥堆趟子的地方脫坯。只見父親把一堆泥在地上滾動一下，就勢雙手把泥團捧入坯模子中，雙手到水盆中捧起一捧水，快速灑抹在泥團上，雙手左右開弓，左手把泥團往坯模子右端的兩個角裡塞，右手把泥團往坯模子的左側的兩個角裡塞，然後把剩餘的泥在坯模子中

壓實、壓平，再捧起一捧水，把坯面抹平，整個過程快速、利落，看得人眼花繚亂。父親把坯模子端起，一塊方方正正、棱角分明的土坯脫成了。父親蹲著的身體往後挪了一步，把坯模子挨著這塊坯放下，接著去脫下一塊……男孩兒要不斷地端泥和給洗臉盆加水。

在家裡忙活漿被的女人，把晾曬在院子晾衣竿上的已經晾乾的被裡被面拿到室內炕上，噴霧淋濕併疊得方方正正，從廚房的柴草堆邊把一塊寬約四十釐米、長不足一米、厚十釐米左右的用樺木、楸木等獨板做的俗稱「槌被石」的厚木板搬到炕上放好，然後找來預先約好的鄰居姐妹，從櫃子中拿出早已準備好的兩副棒槌（4 只），兩個人對面坐在捶被石的兩側，把漿洗好的被裡被面逐一放在槌被石上，你一下、我一下，你用左手的棒槌砸，我落右手的棒槌敲，「乒乓乒乓乒乓」既有順序，又有節奏地敲打起來，中間還要停下來翻動捶打過的被裡被面，經過反覆捶打，一個被面均勻地捶打了一遍，所有的褶皺都展平了，自己認為合格了，才換上下一塊繼續敲打起來。正是門窗大開的季節，一般從上午九點鐘以後開始，屯中女人捶棒槌的乒乓聲就一陣緊似一陣，交織著從屯中傳過來，恰似催征的鑼鼓聲，催促著正在脫坯的男人們再加上一把勁，早點結束這項繁重的勞作。

如果誰家來年春天要建新房，就要和親戚朋友串換一些麥秸，邀集親戚朋友前來幫工，挖土、和泥脫上一整天或是幾天時間的坯，確保蓋房壘牆框、盤炕和壘煙囪足夠使用，其勞動場面你追我趕、熱火朝天，就如同勞動競賽，能者多勞，大家說說笑笑，別有一番情趣。

時光荏苒，隨著科學技術的進步和人們生活水平的提高，扶餘市周邊的人們居住狀況發生了天翻地覆的變化。在農村實行第一輪聯產承包責任制期間，多數農家告別了泥草房，住進了磚瓦房。搭炕和蓬炕面大多用紅磚代替了土坯，再也不需要脫坯和用黃土、麥魚子和泥抹牆了。近幾年隨著政府補貼家電下鄉，洗衣機進入了千家萬戶，洗衣粉等洗滌劑的普及使用，更不需要濾灰水洗滌衣物了。坯模子、棒槌和捶被石這些沿用了幾百年甚至上千年的生活用

具，早已結束了它們的歷史使命。如今，只有在市博物館的展示櫃中才能見到它們的模樣，而那一陣緊似一陣的捶被聲和那揮汗脫坏的勞作場面，也只能留在曾經親力親為的如今已經步入老年人行列的人們記憶中，或者是作為民風民俗和艱苦奮鬥的話題講給年輕一代人聽。

民間遊藝添情趣

農耕時代人們因陋就簡創造出的諸多遊戲類娛樂活動，益智健身，老少皆宜，至今在扶餘市民間廣泛流傳。

下大邊。下大邊是非常有趣、鬥智鬥勇的遊戲，不遜於圍棋。下大邊棋時兩個人席地相對而坐，蕩平眼前一尺見方的地方，縱橫各畫五條線，構成二十五個交叉點成為大邊棋盤。兩人各取一種物品（如小土塊和短樹枝）作為棋子，約定誰先下（布）第一個棋子後，開始對弈。雙方棋子分明，先下者能在棋盤上占十三卦，後下者只能用十二卦。對弈雙方都想方設法形成規定的三斜、小井、四虎和大邊等棋陣，對方則不遺餘力地動腦進行圍追堵截，使對手不能形成上述四種棋局。一方形成三斜或者小井，就可以吃掉對方任何點上的一個子，（先用樹枝或是炭黑圈上，雙方下滿 25 手後把圈上的子拿下）削弱對方的抵抗能力。而形成四虎、大邊（也叫通天）則要吃掉對方任何點上的兩個子，使對方喪失戰鬥力，如此角逐，直至對方被吃光子或者認輸為一局。

相傳，女真人的傑出首領完顏阿骨打和女真族剽悍主將完顏希尹在尋找最佳起兵反遼出發地的時候，來到今扶餘市大甕圈。二人席地而坐，不畫大邊棋盤，口訣對弈，你攻我防，你防我攻，你進我擋，你退我堵，把遼國在關東大地上的十六座城池切割成十六個方塊，各執十三枚棋子，搶占有利位置，或成四井圍之，或借地勢以三斜重兵分割它，或以優勢的兵力形成大邊，以排山倒海之勢橫掃之，兩個人在緊張調兵遣將中你來我往，設想可能出現的情形，研究擬採取的補救措施，推演戰局，最後堅定了戰之必勝的信心，決心在大甕圈聚集族眾，在一個沙坨上（後命名為「得勝陀」）誓師起兵，西出扎淶水（今稱夾津溝），首先攻擊寧江州，果然旗開得勝，借此揭竿而起，勢如破竹，再戰出河店，一發不可收拾，三戰三捷奠定了決戰決勝的基礎。

完顏阿骨打和完顏希尹初次對弈大邊棋的時候，遼國的觀象台就發現天下

異動，預知有人圖謀不軌，意在奪取天下。那遼國的國君，也是上天派往人間的真命天子，他把有人預謀奪取天下的事，在對天祈禱時向天庭訴說，求天庭派下雷公電母查找以下棋排兵布陣、欲奪天下的人，可完顏阿骨打和完顏希尹主僕二人每次排兵布陣、推演攻守的時候，只是口說心訣，從來都不用畫棋盤、擺棋子。因為他們對此種棋術爛熟於心，只要對方說出走棋的口訣，另一方就能說出防範的口訣。二十五步口訣說完之後，整盤棋的局勢昭然若揭。各自明了得失的步驟所在，不用在棋盤上操練，就知道該如何補救了。因為沒有實地推演，雷公電母也抓不到真憑實據，無法現場給予鎮壓，可見遼國無道，無所不能的上天都無法幫助它，滅亡是其必然歸宿。

扶餘是大邊棋的發祥之地，在民間流傳千年而不衰。時至今日，人們只能學習用完顏阿骨打和完顏希尹的推演形式，根本不可能達到爛熟於心的境地，因此一定要畫棋盤進行。為了防止上天誤解，甚至怪罪下來而動怒，遭到雷公電母的懲治，所以在遊戲結束時一定要毀掉棋盤和殘局，以免招來殺身之禍。這表明古人對雷電現象有錯誤的認識，同時說明現在的人們雖然不相信迷信事物，但防範自然災害的思想意識還是很強的。

藏貓貓。「藏貓貓」又叫「捉迷藏」，民間戲稱「抓瞎」。

在扶餘民間，一到秋天，生產隊的場院裡堆滿了大大小小的苞米、穀子等糧垛，這就成了鄉村孩子捉迷藏的天然屏障。大家都喜歡傍晚聚集到這裡，共同玩「藏貓貓」的遊戲。為防止玩耍時摔跟頭，該遊戲只需一塊半透明的紗布作為道具。

遊戲規則是：可以一人找多人，而不可以多人找一人，那樣是會耽誤時間。鄉村的秋天晝長夜短，說不定多長時間才能輪到自己一回呢，為此大家都很珍惜這短暫的時光。

眾人在出示手心手背或猜拳之後，確定由哪些人先藏，再由誰來抓。藏者都悄悄地尋找地方隱蔽去了，唯有找人的這個人事先被矇住眼睛坐著等待。等其他人都藏好了，聽到有人喊出口令：「1、2、3，開找！」找人者臉上蒙著

紗布便開始行動了。

朦朧夜色中，找人的人可以藉著清亮的月光透過面紗查看，也可以通過嗅覺判斷人藏何處。有時有人藏在堆著雜物的地方故意做出響動，或探出頭來張望，以至常有人影在眼前晃動。但人人都藏得很隱蔽，一時間是很難找到的。如果時間長找不到目標，大家都會著急。於是找人者便脫口而出：「打個鳴聽聽！」然後等待回應，與此同時，那些「藏貓貓」的人便立刻發出「喵喵」的回聲，故把此遊戲稱為藏貓貓。這聲音在靜夜裡此起彼伏，找人者就可以循著聲音一一找出，然後再輪到下家開始遊戲。

很多時候大家都不能有意耽擱或延長時間，因為時間長不被人找到，一個人躲在暗處也擔心家中父母惦念，更怕別人回家而把自己落在遊樂場地。為了大家都能夠玩得開心快樂，孩子們彼此都會互相謙讓和照顧，主動營造團結友好、和諧歡樂的氣氛。

紮「秸稈兒」玩具。過去的鄉村孩子常用晾乾的高粱稈（即秫秸）破成細篾兒，紮眼鏡、大西瓜、蟈蟈籠子、燈籠等玩具拿在手裡玩耍。

秋天生產隊的場院裡，那堆積如山的高粱稈兒便成了他們製作土玩具最好的材料。當父輩們打完了場，放學的孩子們便一窩蜂地擁向秸稈垛旁，開始了新興的土玩具製作工藝。

▲ 韓玉林作《蟈趣》

只見他們認真挑選出一些粗壯、修長、挺直、沒有被蟲蝕過的優良秫秸，寶貝似的拿在手裡，用牙把表皮扒成條狀，然後再一根根編成蒜辮兒，密密地插在中間的立柱上，這個最簡單的玩具叫作「大缸」。有的用秫秸篾子和秸稈瓤紮成「眼鏡」戴在臉上，扮做很有學問的模樣。還有的用

秫秸篾子紮成馬牛羊、雞鴨鵝等動物，擺在窗檯上，或紮成鍋碗瓢盆作為「過家家」使用的道具。

用兩段秫秸由兩頭向中間合攏在一起紮成的大西瓜或小燈籠，是哄小弟弟、妹妹們玩兒的最漂亮的玩具。還有的紮成蟈蟈籠掛在院子裡，逮幾個蟈蟈裝在裡面，不分晝夜地高聲鳴叫。更有巧手的孩子編製成一個個小小的風車，用竹竿或木桿單個或成串挑起來，懸掛在自家院子的西南角上空，微風吹動時，風車隨風自由旋轉，仔細聽來，會發出唰唰唰的響聲，循聲望去，恰似飛機或輪船上的螺旋槳，此情此景常常會使人浮想聯翩。因它常藉助風力才能旋轉，故俗稱「風呲嘍」，也有叫「風子樓」的。

最有意義的當然是用秸稈紮成一輛大馬車，由一匹小馬在車前拉著，車上裝些花草、野菜和野果，還有秸稈紮成的籃子和秤，擺在院裡大家一起玩做買賣的遊戲。

咬菇娘兒。「菇娘兒」是多年生草本植物，也是東北地區特產的一種漿果。東北人叫它「洋菇娘兒」或「毛菇娘兒」。

「菇娘兒」未成熟時可供女孩們玩耍。成熟後的「菇娘兒」味道甜香還可當水果食用，是一種老少皆宜的綠色食品。作為一種天然的美味野果，也許是為女孩子們所偏愛的緣故吧，才被賦予了「菇娘兒」這個動聽的名字。

「咬菇娘兒」是鄉村女孩多年以來形成的風俗習慣，始於滿族。每當「菇娘兒」長到六七分熟時，便吸引了女孩們的目光。當她們悄手躡腳地摘下「菇娘兒」撕開果皮時，看到那綠油油、圓溜溜的果實，並不急於品嚐，而是輕輕地用手指將果實揉軟，連蒂帶瓤一起抽出，或用硬竹棍兒、鋼針、牙籤之類的利器，在「菇娘兒」的果蒂位置上紮一個小孔，擠出腹中殘留的籽粒和汁液後，致使腹內空空如也。再用嘴向裡面吹一口氣，「菇娘兒」就迅速地鼓起了小肚皮，然後口朝外放在嘴裡，用舌尖抵住上顎下部，用下唇頂住「菇娘兒」的底部，靠嘴和唇的擠壓和口腔的吸氣、回氣，便發出來「咕吱、嘎吱」的響聲，這響聲發自心底，悅耳動聽。伴隨著她們做遊戲、寫作業、做家務，玩耍

之間會得到一種十分愜意的享受。

咬「菇娘兒」也是需要技巧的，掌握好了聲音響亮清脆，掌握不好聲音混濁沙啞，有時稍不注意還會被咬破或咬癟，咬破了就得重新換一個，咬癟了就得拿出來重新吹氣，不然就無法發出聲音來。

擰叫叫。吹哨子俗稱「擰叫叫」，是鄉村孩子喜歡的一種春季遊藝活動。

萬物復甦、楊柳吐綠的清明時節，正是少年兒童製作土玩具「擰叫叫」的最佳時機。孩子們從楊柳樹上摺下嫩綠的枝條，摘掉樹葉，用手一擰，使樹皮鬆動與中心剝離，將其抽出後用剪子剪成或長或短的小段，用刀刮掉一頭端口的樹皮，以刮掉樹皮的部分能用嘴含住為宜，一隻精巧的哨子就製作成功了。放在嘴裡輕輕一吹，便發出悠揚悅耳的聲音，恰似笛聲。

因楊樹不如柳樹枝條柔軟、細嫩，故常用柳枝來製作，也稱柳笛。粗而長的哨子聲音渾厚、雄壯，細而短的哨子聲音清脆、響亮。玩到興頭上，可以將幾枝哨子放在嘴裡同時吹，你一聲、我一聲、他一聲，節奏此起彼伏，聲調酣暢淋漓，以此引起大家的共鳴。有的男孩不過癮，竟獨自折下一段拇指粗的楊樹枝條做材料，隨即亮出一隻粗而長的哨子，然後鼓起腮幫，使足力氣，吹出的調子猶如一隻粗獷、豪放的牛角號，古樸而悠揚，在鄉村的原野上空久久迴蕩。因創意與眾不同，便會以此為榮耀。

最有趣的是，有的孩子還在哨子上面同時剪出幾個小孔，這樣就成了笛子狀，用手指敲打各個空洞吹，便能吹出高低音的節奏來，若幾個人同時吹時，宛如一曲優美、婉轉的田園樂章，令人陶醉與神往。

染紅指甲。過去的鄉村女孩們都喜歡染紅指甲，並常常把它作為一種有趣的遊藝活動而樂此不疲。然而，在那物質條件匱乏的年代裡，拿什麼作為染指甲的染料呢？

盛夏時節的鄉村，家家戶戶都喜歡在庭院或園中種植一些花草，其中有一種橘紅色的花，俗名叫作「夾桃花」，不僅顏色鮮豔，而且香味濃郁。細心的女孩們偶然發現這種花的花瓣很容易褪色，只要用潤濕的手一摸就會把手指染

紅，一不小心沾到白衣服上也不容易洗掉。於是，稍大的女孩做出大膽嘗試，把它作為染料用來染紅指甲。

首先把新鮮的夾桃花摘下來，放在大碗裡用擀麵杖搗碎，使之變成紅色的汁液，在裡面加上點明礬，使之起到凝固汁液的作用。待汁液與明礬融合後，取適量塗在每個指甲上，然後小心翼翼地用楊樹葉子包裹好，最後用麻線綁緊，防止晚上睡覺時脫落。

因為白天要用手寫字、梳頭、吃飯或做各種運動，再加上染指甲最少要經過十二個小時才能上好色，所以染指甲必須在晚上睡覺前進行，經過一夜的凝結便可以成功。染好的指甲連續一週時間也依然保持色澤鮮豔。每當夏天園子裡的夾桃花紅了的時候，女孩們都會爭相採集花瓣兒染紅指甲，一直從花開染到花落為止。然後夥伴們相互比較，看誰的指甲染得最紅，誰的指甲最漂亮！彼此之間都會互相羨慕不已。如今的年代裡，很多四五十歲的女人，每當看到女孩子用的指甲油時，仍會情不自禁地想起難忘的童年歲月，想起那種美豔含香、能染指甲的夾桃花。

打出溜滑。有一首東北兒歌這樣唱道：「小丫蛋兒，梳倆辮兒，搭個伴兒，上井沿兒，打出溜滑，摔屁股蛋兒，回家抹點二百二兒，沒等吃完飯兒，屁股就兩半兒。」它描寫的就是冬天野外遊藝「打出溜滑」的場面。

二十世紀六〇年代初，每到數九隆冬季節，孩子們便自發在房前屋後的空場地開闢出一塊斜坡地，在雪地上潑灑一些水，待冰凍結實後，使之漸漸形成溜冰場地。

事先約定好後，小夥伴們聚到一起，隨著一聲口令，遊戲開始了。大家首先在非冰面的雪地上助跑一段，然後藉助於重力與慣性作用，兩腳一前一後沿著斜坡上的冰道向下滑行。

「打出溜滑」是一件很浪漫的遊戲，孩子們放鬆心情，舒展筋骨，伸開雙臂，從這頭滑到那頭，時而打站兒，時而打蹲兒，你打一個側蹲兒，我來一個正蹲兒，幾個人手牽著手再打一個串蹲兒。一條不足尺把寬的冰道，竟能玩出

許多花樣來。滑的時間久了，冰面難免有了劃痕，就略顯發澀，大家就去弄些乾淨的雪，像絮棉花一樣在冰面上敷了一層又一層，然後再用腳一磨平，冰道就光滑如初了。為了加快滑行的速度，孩子們通常穿塑料底或膠皮底的棉鞋，或把棉布鞋底釘上一塊厚膠皮，與此同時，雪又能起到助滑的作用，這樣就可以飛速滑行了。

　　滾鐵環。滾鐵環是舊時漢族兒童遊戲，也是當今許多四十歲以上的人童年時代十分喜愛的遊戲之一，自娛性強，還可以鍛鍊人的協調能力和平衡能力，舊時鄉下人叫作「伐軲轆」。此遊戲在二十世紀六七十年代的東北城鄉曾風靡一時。

　　製作鐵環通常是用一根扁粗的鋼筋，彎成一個直徑約四十釐米的圓圈，太大了顯得笨拙，太小了又不夠局勢，只有弧度適中才能玩得輕便自如。然後用一個半圓的鐵鉤做「車把」，也有用爐鉤子或秫秸稈折成三角形狀做車把的。講究者還會在大鐵環上套數個小鐵環，當鐵環滾動起來時，小鐵環會在大鐵環的碰撞下發出悅耳的聲響。滾鐵環的技術一學就會，又熟能生巧。初學時，先

▲ 史長安作《冬趣》

用手將鐵環向前轉動一下，然後操縱「車把」快速推著鐵環向前走，保持不倒就行。以前路上車輛少，在馬路上滾鐵環很安全。尤其是到了冬季，東北大地封凍時節，孩子們上學一路上滾著鐵環走，不但能驅逐寒冷，而且能免去行路的單調，加快了行走的速度。有時幾個人同時出發，滾著鐵環往前跑，比誰跑得快，以快取勝；比誰跑得慢時，就讓鐵環停在原地不動，但必須保證鐵環長時間站立不倒。

玩泥巴。大自然賦予了鄉村孩子天然的樂趣與想像的空間，腳下的泥土便是他們自製玩具的天然原材料。孩童們三四歲時就跟隨父母身後，舞動手中的小鏟子剷起一堆黃土，撒一泡尿就能把土揉成團，捏成各種四不像的小玩意兒來進行玩耍。

隨著孩子們漸漸長大，想像力也逐漸豐富起來。各種奇形怪狀的小玩具在他們手裡不斷翻新，花樣百出。和好的黃土泥巴被做成各種造型的物件擺在窗檯或土牆上。女孩子喜歡把泥巴捏成小泥人、鍋碗瓢盆以及馬、牛、羊等各種小動物。泥人及小動物都配有五官及四肢，形象逼真、表情豐富。男孩兒則喜歡用泥巴捏製各種武器，如手槍、飛機、大砲或坦克。泥玩具給那時的孩子們帶來無窮樂趣。

吉林文庫　A0703A09

文化吉林：扶餘卷

主　　編	莊　嚴
版權策畫	李　鋒
責任編輯	林以邠

發 行 人	陳滿銘
總 經 理	梁錦興
總 編 輯	陳滿銘
副總編輯	張晏瑞
編 輯 所	萬卷樓圖書股份有限公司
排　　版	菩薩蠻數位文化有限公司
印　　刷	維中科技有限公司
封面設計	菩薩蠻數位文化有限公司

出　　版　昌明文化有限公司
桃園市龜山區中原街 32 號
電話 (02)23216565
發　　行　萬卷樓圖書股份有限公司
臺北市羅斯福路二段 41 號 6 樓之 3
電話 (02)23216565
傳真 (02)23218698
電郵 SERVICE@WANJUAN.COM.TW
大陸經銷　廈門外圖臺灣書店有限公司
　　電郵 JKB188@188.COM

ISBN 978-986-496-253-2
2018 年 1 月初版
定價：新臺幣 380 元

如何購買本書：

1. 轉帳購書，請透過以下帳戶
   合作金庫銀行　古亭分行
   戶名：萬卷樓圖書股份有限公司
   帳號：0877717092596
2. 網路購書，請透過萬卷樓網站
   網址　WWW.WANJUAN.COM.TW

大量購書，請直接聯繫我們，將有專人為您
服務。客服：(02)23216565　分機 610

如有缺頁、破損或裝訂錯誤，請寄回更換

國家圖書館出版品預行編目資料

文化吉林. 扶餘卷 / 莊嚴主編.-- 初版.-- 桃
園市：昌明文化出版；臺北市：萬卷樓發
行, 2018.01
　　冊；　　公分
ISBN 978-986-496-253-2(平裝). --
1.人文地理　2.文化史　3.吉林省
674.2408　　　　　　　　　　107002118